高等职业教育经典系列教材·财务会计类

管 理 会 计

主　编　孙述威
副主编　解丽娟　刘　扬
参　编　于亚君　姜雪松　黄海燕　周　炎

北京理工大学出版社
BEIJING INSTITUTE OF TECHNOLOGY PRESS

内 容 简 介

管理会计是现代会计学的重要分支，是一门技术性、实用性和综合性很强的学科。它服从于内部管理需要，通过利用相关信息，有机融合财务与业务活动，在单位规划、决策、控制和评价等方面发挥着越来越重要的作用。

本教材根据高等职业教育人才培养目标的要求，按岗位要求确定技能目标，遵循理论"必需、够用"的原则，突出管理型会计实务操作技能的训练，深入浅出，简明扼要。全书共分五个项目，分别是选定筹资方案、组织经营预决策、编制预算、设计资金投放、控制成本与考核业绩。

本教材中设有"项目导读""三维目标""项目实施""任务描述""任务实施""知识准备""相关知识""想一想""做一做""注意""教你一招""知识延伸""思政课堂"等模块，丰富了教学形式，引导学生带着目标学，带动学生积极思考、动手操作，有利于学生专业技能和综合能力的提升。

本教材结合教学内容已初步开发完成原创立体化教学资源，学生可以通过扫描二维码获取相关知识链接，观看动画与视频，加深对知识的理解与掌握。

本教材既可作为实行行动导向教学模式的高职院校专业教学用书、企业管理型会计人员培训用书，也可作为具有一定财务基础知识的学习者的参考用书。

版权专有 侵权必究

图书在版编目（CIP）数据

管理会计 / 孙述威主编. --北京：北京理工大学出版社，2021.9
 ISBN 978-7-5763-0349-0

Ⅰ. ①管… Ⅱ. ①孙… Ⅲ. ①管理会计-高等学校-教材 Ⅳ. ①F234.3

中国版本图书馆 CIP 数据核字（2021）第 190222 号

出版发行 /	北京理工大学出版社有限责任公司
社　　址 /	北京市海淀区中关村南大街 5 号
邮　　编 /	100081
电　　话 /	（010）68914775（总编室）
	（010）82562903（教材售后服务热线）
	（010）68944723（其他图书服务热线）
网　　址 /	http://www.bitpress.com.cn
经　　销 /	全国各地新华书店
印　　刷 /	河北盛世彩捷印刷有限公司
开　　本 /	787 毫米×1092 毫米　1/16
印　　张 /	12
字　　数 /	232 千字
版　　次 /	2021 年 9 月第 1 版　2021 年 9 月第 1 次印刷
定　　价 /	45.00 元

责任编辑 /	王俊洁
文案编辑 /	王俊洁
责任校对 /	周瑞红
责任印制 /	施胜娟

图书出现印装质量问题，请拨打售后服务热线，本社负责调换

前　言

为了提高职业院校人才培养的质量，满足产业转型升级对高素质复合型、创新型技术技能人才的需求，《国家职业教育改革实施方案》和教育部关于"双高计划"的文件中，提出了"教师、教材、教法"三教改革的系统性要求。其中，对新型活页式、工作手册式教材作为职业教育教材改革的主流方向提出了具体要求。

本教材依据企业管理型会计工作岗位对高职应用型人才的要求，以管理会计工作事项安排教学任务，以实际工作步骤设计教学环节，学生明确任务后，先学习相关理论与要求，再动手操作，做到边做边学，通过工作过程还原工作知识。

本教材以培养学生的诚信品质为主线，有机融入会计职业素养、职业道德、成本意识、责任意识等思政元素，实现思政融入、知识传授、能力培养和素质提升的有机融合。

本教材由威海职业学院孙述威担任主编，负责拟定全书的编写提纲，并对全书进行修改和定稿，由解丽娟、刘扬担任副主编。全书五个项目的具体编写分工如下：项目一、项目四由刘扬编写，项目二、项目三由孙述威编写，项目五由解丽娟编写，全书信息化资源由解丽娟、于亚君制作完成，山东文化产业职业学院姜雪松、烟台文化旅游职业学院黄海燕、韩都衣舍电子商务集团股份有限公司副总经理周炎参与了本书典型案例的编写。

本教材在编写过程中得到了韩都衣舍电子商务集团股份有限公司、瑾元资本管理有限公司等企业的大力支持。在此，对给予支持的相关人员深表感谢！

本教材在编写理念、结构、内容、体例等方面进行了大胆的探索和创新，但难免存在一些不足、缺陷甚至错误，希望广大读者提出批评或改进建议。

编　者
2021 年 7 月

 财政部《管理会计基本指引》

 财政部《管理会计应用指引》

目 录

项目一 选定筹资方案 001

任务1 区分资金筹集方式 002
- 步骤一 掌握股权筹资方式 002
- 步骤二 掌握债务筹资方式 004

任务2 计算资本成本 011
- 步骤一 计算个别资本成本 011
- 步骤二 计算综合资本成本 015

任务3 掌握杠杆原理 017
- 步骤一 计算经营杠杆系数 017
- 步骤二 计算财务杠杆系数 020
- 步骤三 计算综合杠杆系数 022

任务4 进行资本结构决策 023
- 步骤一 分析影响资本结构的因素 024
- 步骤二 优化资本结构 024

项目二 组织经营预决策 032

任务1 应用变动成本法 033
- 步骤一 分析成本性态 033
- 步骤二 分解混合成本 037
- 步骤三 利用变动成本法计算成本与利润 041

任务2 开展本量利分析 047
- 步骤一 分析保本保利点 048
- 步骤二 评价企业经营安全程度 054

任务3 开展预测分析 056
- 步骤一 预测销售量 057
- 步骤二 预测利润 059
- 步骤三 预测成本 061
- 步骤四 预测资金需要量 064

任务4 组织短期经营决策分析 066
- 步骤一 组织生产决策 066
- 步骤二 组织定价决策 074

项目三 编制预算 ········· 080

任务 1 编制业务预算 ········· 081
- 步骤一 编制销售预算 ········· 083
- 步骤二 编制生产预算 ········· 085
- 步骤三 编制直接材料预算 ········· 086
- 步骤四 编制直接人工预算 ········· 088
- 步骤五 编制制造费用预算 ········· 089
- 步骤六 编制单位产品成本预算 ········· 090
- 步骤七 编制期末存货预算 ········· 091
- 步骤八 编制销售成本预算 ········· 092
- 步骤九 编制销售及管理费用预算 ········· 092
- 步骤十 编制其他现金支出预算 ········· 093

任务 2 编制专门决策预算 ········· 094

任务 3 编制财务预算 ········· 095
- 步骤一 编制现金预算 ········· 095
- 步骤二 编制预计利润表 ········· 097
- 步骤三 编制预计资产负债表 ········· 099

项目四 设计资金投放 ········· 102

任务 1 管理项目投资 ········· 105
- 步骤一 计算现金流量 ········· 105
- 步骤二 掌握项目投资决策评价的基本方法 ········· 107
- 步骤三 开展项目投资决策 ········· 116

任务 2 设计现金管理方案 ········· 118
- 步骤一 设计最佳现金持有量方案 ········· 120
- 步骤二 加强现金的日常管理 ········· 121

任务 3 设计存货管理方案 ········· 123
- 步骤一 设计存货最佳经济订货批量方案 ········· 124
- 步骤二 加强存货的日常管理 ········· 125

任务 4 设计应收账款管理方案 ········· 127
- 步骤一 设计应收账款管理方案 ········· 127
- 步骤二 加强应收账款日常管理 ········· 132

项目五 成本控制与考核业绩 ········· 138

任务 1 控制标准成本 ········· 139
- 步骤一 制定标准成本 ········· 141

步骤二　计算与分析成本差异 …………………………………… 149
　　步骤三　成本差异的账务处理 …………………………………… 158
　任务 2　组织绩效考核 ……………………………………………… 160
　　步骤一　应用平衡计分卡 ………………………………………… 162
　　步骤二　计算关键绩效指标 ……………………………………… 169

附录一　复利终值系数表 …………………………………………… 173

附录二　复利现值系数表 …………………………………………… 175

附录三　年金终值系数表 …………………………………………… 177

附录四　年金现值系数表 …………………………………………… 179

参考文献 ……………………………………………………………… 181

项目一
选定筹资方案

 项目导读

资金是企业生存和发展的必要条件，是企业保证生产经营活动正常进行的前提。企业要进行生产经营活动，必须筹集资金，即使在生产经营过程中，由于临时性和季节性等原因以及扩大再生产、偿还债务的需要，同样需要筹集资金。筹资工作做得好，不仅可以降低成本，还会给经营或投资创造更大的有利空间。

管理人员应根据企业实际选择合理的筹资方式，通过计算资本成本、利用杠杆原理和进行资本结构决策，学会控制财务风险，为企业提供有效的信息资源。

 **三维目标**

知识目标	□ 了解股权筹资和债务筹资的方式及特点 □ 掌握资本成本的计算 □ 掌握杠杆原理 □ 掌握资本结构决策方法
能力目标	□ 能够确定综合资本成本的大小 □ 能够利用杠杆原理为企业提供决策信息 □ 能够进行资本结构决策
素质目标	□ 培养严谨认真、精准求精的工匠精神 □ 培养节约使用资金，降低成本的职业习惯

笔记

项目实施

任务 1　区分资金筹集方式

 任务描述

威盛公司是威海当地的一家股份有限公司，公司开展多元化经营，主要产品为服装服饰、各类皮具、电子产品等，为更新换代产品及扩大市场经营规模，公司决定向外增加筹资 500 万元。请为威盛公司选择筹资方式及渠道，解决资金需求问题。

想一想

一般来讲，筹集资金会影响企业资金来源构成，那么，如何统筹兼顾，在市场上融资，同时避免违规操作呢？

_____
_____
_____
_____

 任务实施

步骤一　掌握股权筹资方式

 知识准备

> 企业筹资是指企业由于生产经营、对外投资和调整资本结构等活动对资金的需要，采取适当的方式，获取所需资金的一种行为。**筹资渠道**是指企业取得资金的**方向**和**通道**；**筹资方式**是指企业筹措资金的具体**形式**和工具，即企业如何取得资金。因此，筹资方式也称为筹资工具。

1. 吸收直接投资

吸收直接投资的渠道及特点如表 1–1 所示。

扫描二维码
了解我国企业的筹资渠道及筹资方式

表1-1　吸收直接投资的渠道及特点

渠道	吸收直接投资的特点
吸收国家投资	有利于增强企业信誉
吸收法人投资	有利于尽快形成生产力
吸收外商投资	有利于降低财务风险 资本成本较高
吸收社会公众投资	容易分散企业控制权 不易进行产权交易

2. 发行普通股股票

（1）股票的分类（表1-2）

表1-2　股票的分类

分类标准	内容
按照股东权利和义务的不同	普通股和优先股
按照票面是否记名	记名股票和不记名股票
按照发行对象和上市地区不同	A股、B股、H股、N股、S股

扫描二维码

观看视频：
小平送股票

（2）普通股股票筹资的特点（表1-3）

表1-3　普通股股票筹资的特点

特点	内容
两权分离，有利于自主经营管理	公司通过对外发行股票筹资，其所有权和经营权分离，有利于公司自主管理、自主经营
资本成本较高	股票投资的风险较大，收益具有不确定性，投资者会要求较高的风险补偿
能增强公司的社会信誉，促进股权流通和转让	股东的大众化为公司带来了广泛的社会影响。特别是上市公司，其股票的流动性强，有利于市场确认公司的价值。普通股筹资以股票作为媒介，便于股权的流通和转让，便于吸收新的投资者
不易及时形成生产能力	普通股筹资吸收的一般都是货币资金，需要通过购置和建造固定资产形成生产经营能力

扫描二维码

观看动画：
生活中处处是财务

3. 留存收益

留存收益的筹资途径包括提取的<u>盈余公积</u>和形成的<u>未分配利润</u>。从性质上看，二者都属于企业的所有者，是对企业的再投资。留存收益的特点如表1-4所示。

扫描二维码

观看视频：
小米香港 IPO
筹资

表 1-4　留存收益的特点

特点	内容
不发生筹资费用	企业从外界筹集长期资本，与普通股筹资相比较，留存收益筹资不需要发生筹资费用，资本成本较低
维持公司的控制权分布	不用对外发行新股或吸收新投资者，由此增加的权益资本不会改变公司的股权结构，不会稀释原有股东的控制权
筹资数额有限	留存收益最大数额是企业到期的净利润和以前年度未分配利润之和，不如外部筹资一次性可以筹集大量资金。如果企业发生亏损，会导致可用留存收益筹资数额更少

 做一做

通过查阅资料掌握以下内容：
（1）普通股股东有哪些权利？和优先股股东比较，在权利上有何区别？
（2）普通股股票自身有什么特点？
（3）目前我国企业普通股股票首次发行和上市应具备哪些条件？
（4）为什么用留存收益筹集资金没有筹资费用？

步骤二　掌握债务筹资方式

1. 金融机构借款

金融机构借款是指企业向银行或其他非银行金融机构借入的、偿还期限超过 1 年或在 1 年以内的各种长期借款、短期借款。在市场经济条件下，通过借款筹资，是企业借入资金的主要渠道。取得借款的信用条件如下：

（1）补偿性余额

银行要求借款人在银行中保持按贷款限额或实际借用额一定百分比（一般为 10%～20%）计算的最低存款余额。补偿性余额有助于银行降低贷款风险，补偿其可能遭受的风险；对借款企业来说，补偿性余额则提高了借款的实际利率，加重了企业的利息负担。

 做一做

威盛公司决定对需要的 500 万元资金通过向银行贷款解决，贷款年利率 9%，补偿性余额比例 10%。

请计算企业实际借款利率。

（2）信贷额度

信贷额度即贷款限额，是借款企业与银行在协议中规定的借款最高限额，信贷额度的有效期限通常为 1 年。一般情况下，在信贷额度内，企业可以随时按需要支用借款。如果企业信誉恶化，即使在贷款限额内，企业也可能得不到借款；此时，银行不会承担法律责任。

（3）周转信贷协议

周转信贷协议是银行从法律上承诺向企业提供不超过某一个最高限额的贷款协定。在协议有效期内，只要企业累计借款总额未超过最高限额，银行必须满足企业任何时候提出的借款要求。企业享有周转信贷协议，通常要对贷款限额的未使用部分付给银行一笔承诺费。

做一做

威盛公司之前与银行商定的周转信贷额度为 2 000 万元，承诺费为 1%，该企业年度内实际借款为 1 500 万元。

要求：计算该企业应向银行支付的承诺费。

想一想

为什么针对银行给企业核定的周转信贷额度内尚未使用的部分，企业要按比例掏腰包支付承诺费，这对于稳定国家的经济有何意义？

2. 发行债券

公司债券又称为企业债券（简称债券），是企业依照法定程序发行的、约定在一定期限内还本付息的有价证券。债券是持券人拥有公司债权的书面证书，它代表债券持券人与发债公司之间的债权债务关系。

扫描二维码

了解长短期金融机构借款的不同点

📖 **笔记**

（1）债券的分类（表1–5）

表1–5　债券的分类

分类标准	内容
按照是否记名	记名债券和不记名债券
按是否能够转换成公司股权	可转换债券和不可转换债券
按有无特定财产担保	担保债券和信用债券

（2）债券发行价格

债券发行价格是发行公司发行债券时所使用的价格，即债券原始投资者购入债券时应支付的市场价格。债券发行价格是由债券的面值和债券年利息按发行时市场利率折算后的现值之和决定的，由于还本付息的方式不同，其计算方法略有差异，其计算方法如下：

① 每年年末支付利息，到期支付面值的债券发行价格。

发行价格=债券面值×按市场利率和债券期限计算的复利现值系数+
　　　　　债券应付年利息×按市场利率和债券期限计算的
　　　　　年金现值系数

 **做一做**

威盛公司如果通过发行债券筹资100万元，债券面值100元，期限5年，发行时市场利率10%，每年年末付息，到期还本。

要求：分别按照票面利率为8%、10%、12%计算债券的发行价格。

 教你一招

> 在票面利率等于市场利率时，可面值发行；在票面利率大于市场利率时，可溢价发行；在票面利率低于市场利率时，一般要折价发行。

② 到期一次性还本付息的债券发行价格。

发行价格=债券到期本息和×按市场利率和债券期限计算的
　　　　　复利现值系数

 **做一做**

威盛公司如果通过发行债券筹资 100 万元，债券面值 100 元，期限 5 年，发行时市场利率 10%，把还本付息方式改变成一次性还本付息。

要求：分别按照票面利率为 8%、10%、12%计算债券的发行价格。

 注意

> 由于还本付息方式不同，因此，在发行价格的规律特点上也不尽相同。但无论是哪种还本付息方式，其发行价格都可以看作是未来偿还的本金现值与利息现值之和。

（3）债券筹资的特点（表 1-6）

表 1-6　债券筹资的特点

特点	内容
一次筹资数额大	发行公司债券筹资，能够筹集大额资金，满足公司大规模筹资需要
筹集资金的使用限制条件少	与银行借款相比，发行债券筹集资金在使用上具有相对灵活性和自主性
资本成本负担较高	相对于银行借款筹资而言，发行债券负担的利息和筹资费用比较高，而且债券不像银行借款一样可以进行债务展期，加上大额本金和较高的利息，在固定到期日，会对公司现金流量产生巨大的财务压力
提高公司的社会声誉	公司发行债券，有严格的限制条件。发行公司债券，往往是股份有限公司和有实力的有限责任公司所为。通过发行公司债券，一方面可以筹集大量资金；另一方面，也会扩大公司的社会影响力

3. 融资租赁

融资租赁是指由租赁公司按承租单位要求出资购买设备，在较长的合同期内提供给承租单位使用的融资信用业务，它是以 融通资金 为 主要目 的租赁。融资租赁的主要特点包括以下几点：

① 出租的设备根据承租企业提出的要求购买，或者由承租企业直接从制造商或销售商那里选定；

② 租赁期较长，接近于资产的有效使用期，在租赁期间双方无权取消合同；

③ 由承租企业负责设备的维修、保养；

④ 租赁期满，按事先约定的方法处理设备，包括退还租赁公司或继续租赁或企业留购。通常采用企业留购的办法，即以很少的"名义价格"相当于设备残值买下设备。如图1-1所示。

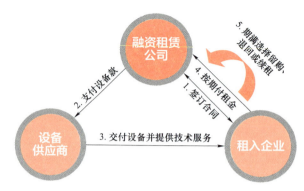

图1-1 融资租赁

教你一招

融资租赁与经营租赁的主要区别如表1-7所示。

表1-7 融资租赁与经营租赁的主要区别

对比项目	融资租赁	经营租赁
业务原理	融资融物为一体	只是一种融物方式
租赁目的	融通资金，添置设备	暂时性使用
租期	较长，相当于设备经济寿命的大部分	较短
租金	包括设备价款	只是设备使用费
合同可否撤销	不可撤销	经双方同意可中途撤销
租赁标的	一般为专用设备，也可为通用设备	通用设备居多
维修与保养	专用设备多为承租人负责，通用设备多为出租人负责	全部为出租人负责
承租人	一般为一个	可在设备经济寿命内轮流租给多个
灵活方便	不明显	明显

4. 商业信用

商业信用是指在商品交易中由于延期付款或预收货款所形成的企业间的借贷关系。它产生于银行信用之前，是商品交易中钱与货在时间上的分离，其主要表现形式有先取货后付款和先付款后取货两种，是自然性融资。商业信用主要有应付账款、应付票据、预收账款等，下面主要介绍应付账款的决策。

采用应付账款的方式购货，购货方先收货后付款，这种筹资方式的基本特征是购货方收到货物，既不支付货币资金，也不出具借据，而是形成应付账款到期支付，因此具有方式简便的优点，购货方主动权较大，但销货方权益有可能受损。所以这种方式要求购货方具有良好的财务状况和优良的信誉，销货方往往把其作为促销手段。

应付账款是一种典型的商业信用形式。卖方在销售中推出信用期限的同时，往往会推出现金折扣等信用条件。应付账款可分为以下几种：

（1）免费信用

即买方企业在规定的折扣期内享受折扣而获得的信用。

（2）有代价信用

即买方企业放弃折扣付出代价而获得的信用。

（3）展期信用

即买方企业超过规定的信用期推迟付款而强制获得的信用。

应付账款成本是卖方在销售中推出信用期限的同时，推出的现金折扣条款。如"2/10，n/30"，表示信用期为 30 天，允许买方在 30 天内免费占用资金；如买方在 10 天内付款，可以享有 2%的现金折扣。若买方企业购买货物后在规定折扣期限内付款，便可享受免费信用；若买方企业放弃现金折扣，该企业便要承受因放弃现金折扣而造成的隐含利息成本。放弃现金折扣成本的计算公式为：

$$放弃现金折扣成本 = \frac{折扣百分比 \times 360}{(1-折扣百分比) \times (信用期 - 折扣期)}$$

 做一做

威盛公司 2022 年度按照"2/20，n/50"的条件购入一批价值 10 万元货物，如果企业在 20 天内付款（当然在 20 天内付款均可享受折扣，但理性的财务人员应该在第 20 天付款，而不应该在第 1 天付款，所以人们都假定在规定现金折扣期的最后一天付款），便可享受 2 000 元的折扣，只需付款 98 000 元；若第 21 天至第 30 天内付款，则需付全款。

要求：计算威盛公司放弃现金折扣成本。

📖 **笔记**

知识延伸

企业在资金不充裕的情况下，是不是就一定放弃现金折扣？
企业在资金充裕的情况下，是不是就一定享用现金折扣？
请为企业作出合理的选择吧！

教你一招

商业信用筹资的特点如表1-8所示。

表1-8 商业信用筹资的特点

特点	内容
无须大量资金就能迅速获得资产	在资金缺乏的情况下，融资租赁能迅速获得所需资产。融资租赁集融资与融物为一体，融资租赁使企业在资金短缺的情况下，引进设备成为可能
财务风险小，财务优势明显	融资租赁与购买的一次性支出相比，能够避免一次性支付的负担，而且租金支付是未来的、分期的，企业无须一次筹集大量资金偿还；还款时，租金可以通过项目本身产生的收益来支付，是一种基于未来的"借鸡生蛋、卖蛋还钱"的筹资方式
筹资的限制条件较少	企业运用股票、债券、长期借款等筹资方式，都受到相当多的资格条件限制，相比之下，融资租赁的筹资限制条件很少
能延长资金融通的期限	通常为购置设备而贷款的借款期限比该资产的物理寿命要短得多，而融资租赁的融资期限却可接近其全部使用寿命期限；并且其金额随设备价款金额而定，无融资制度的限制
资本成本负担较高	融资租赁的租金通常比金融机构借款或发行债券所负担的利息高得多，租金总额通常要比设备价值高出30%

思政课堂

扫描二维码

观看视频：
诚实守信

在债务筹资方式中，无论哪种筹资方式，均对企业有着较高的信用要求，企业信用状况不同，银行等金融机构给予的贷款利率不同。无论个人经营还是企业经营，诚信都是立足之本，失信会带来不可挽回的失信成本。个人或是企业要想走得更远，信誉是立身之本，这也是我们践行社会主义核心价值观的重要途径之一。

任务2　计算资本成本

任务描述

威盛公司为更新换代产品及扩大市场经营规模，运用销售百分比法确定本期需向外增加的筹资500万元，该公司适用所得税税率25%。经过测算，财务部门提出以下筹资组合：按面值发行10年期公司债券300万元，票面利率为9%，筹资费率为3%；向银行申请长期借款200万元，年利率为7%。经预测，开发该项目投资报酬率为6%，利用已掌握的知识和本任务知识点，确定个别资本成本和综合资本成本的大小，并对该筹资方案进行财务评价。

任务实施

步骤一　计算个别资本成本

知识准备

资本成本及其表示形式

资本成本是指企业为筹集和使用资金而付出的代价。企业不能无偿使用各种资金，无论企业筹集资金的渠道和方式如何，都要为取得和使用资金的行为支付一定费用。资本成本包括资金筹集费用和资金占用费用。

（1）资金筹集费用（即筹资费用）是指企业在资本筹措过程中为获取资本而付出的代价，如向银行支付的借款手续费，因发行股票、公司债券而支付的发行费等。筹资费用通常在资本筹集时一次性发生，往往与筹资次数有关，在资金使用过程中不再发生，因此，视为筹资数额的一项扣除。

（2）资金占用费用是指企业在资金使用过程中因占用资本而付出的代价。企业使用资金付出的代价有多种形式，如向银行等债权人支付的利息，向股东支付的股利等。资金占用费用与企业筹集资金的数量、使用期限成正比例变动，它构成了企业资本成本的主体，是资本成本管理的重点，是资本成本的主要内容。

资本成本用相对数表示，即资本成本率，它是资金占用费用与筹资净额的比率，一般来讲，资本成本多指资本成本率。

> 笔记

$$资本成本率 = \frac{资金占用费用}{筹资总额 - 资金筹集费用}$$

也可描述为：

$$资本成本率 = \frac{资金占用费用}{筹资总额 \times (1 - 筹资费率)}$$

个别资本成本如图 1-2 所示。

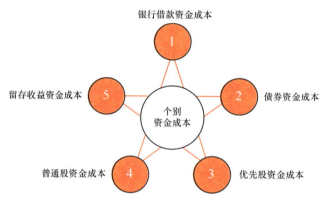

图 1-2 个别资本成本

1. 银行借款资本成本

银行借款资本成本包括借款利息和借款手续费。由于借款利息在税前，是财务费用中的利息支出，所以可以抵减企业部分所得税。银行借款资本成本的计算公式为：

$$K = \frac{I(1-T)}{P(1-f)}$$

其中：

K——银行借款资本成本；

I——银行借款年利息；

P——银行借款筹资总额；

T——所得税率；

f——银行借款筹资费率。

做一做

威盛公司 2022 年度所需 200 万元资金，拟通过长期借款方式取得，与银行协商并签订借款合同。合同规定，借款总额 200 万元，使用期限 5 年，年利率为 10%，到期一次还本利息，经估算，筹资费率为 0.5%，企业所得税税率为 25%。

要求：计算该公司借款的资本成本。

思政课堂

企业财务人员要注意，树立正确的筹资观念，应到正规的渠道去筹集资金。那些非正规渠道筹资风险高、圈套多，应时刻警醒，并远离高利贷。

2. 债券资本成本

企业发行债券，不但要支付筹资费用，还必须在债券偿还期限内定期按债券面值和票面利率计算利息支付给债券所有人，即支付一定的资金使用费，两者构成了债券成本。债券筹资费用即债券发行费用，包括申请发行债券的手续费、债券注册费、印刷费、上市费及推销费。由于发行债券的筹资费用一般较高，在计算债券资本成本时必须加以考虑。债券使用费是按发行债券的面值和票面利率计算的利息支出。因此，无论债券是按面值发行、溢价发行还是折价发行，对其使用费（利息支出）都不会产生影响，但作为企业筹资净额的抵减项目，会影响企业筹资净额。若企业发行债券是每年付息一次，到期还本，则债券资本成本的计算公式为：

$$K = \frac{I(1-T)}{P(1-f)}$$

其中：

　　K——发行债券的资本成本；

　　I——债券的年利息；

　　P——发行债券筹资总额（发行价格）；

　　T——所得税率；

　　f——债券筹资费率。

 做一做

威盛公司 2022 年度所需 1 000 万元资金，拟通过发行长期债券取得。经审批机关批准的发行章程规定，发行总量 10 000 张，每张面值 1 000 元，期限 5 年，票面利率 12%，到期一次还本，利息按年支付，经估算，筹资费率为 2%，所得税税率为 25%。

要求：计算该债券发行价格为 1 200 元、1 000 元、900 元的资本成本。

3. 优先股资本成本

优先股是一种混合证券，兼有普通股与债券的双重性质。优先股资本成本具有如下特征：

首先，股利率预先确定；其次，本金无须偿还；最后，优先股股利支付在债务利息之后，先于普通股股利。

优先股资本成本包括筹资费用与固定股利。根据优先股的这些特点，其成本计算公式为：

$$K = \frac{D}{P(1-f)}$$

其中：

K——优先股资本成本；
D——优先股年股利额；
P——优先股筹资总额；
f——优先股筹资费率。

> **注意**
>
> 由于优先股股利在税后支付，而债券利息在税前支付，当公司破产清算时，优先股持有人的求偿权在债券持有人之后，故其风险大于债券，因此，优先股资本成本大于债券资本成本。

4. 普通股资本成本

普通股股利与优先股股利相比，一般较高且不固定，这主要是因为普通股股票投资风险大于优先股，普通股股利不固定且对企业剩余财产的求偿权位于债权人和优先股股东之后，为了弥补风险可能带来的损失，普通股股东通常要求股利要逐年有所增长，除此以外，其他方面与优先股相同，根据普通股的这些特点，其成本计算公式为：

$$K = \frac{D_0(1+g)}{P(1-f)} + g$$

或

$$K = \frac{D_1}{P(1-f)} + g$$

其中：

K——普通股资本成本；
P——普通股筹资总额；
f——普通股筹资费率；
D_0——最近已经发放的股利；
D_1——预计要发放的第一期股利；
g——普通股年利增长率。

做一做

威盛公司 2021 年度在设立时，拟按面额发行普通股股票筹资，每股面额 10 元，溢价 12 元发行，筹资费率 4%，第一年预期股利支付率 10%，以后每年增长 2%。

要求：计算普通股资本成本。

_____

_____

_____

5. 留存收益资本成本

留存收益是企业分配完普通股股利后剩余的净收益。留存收益的性质属于所有者权益，其用途是要投入再生产供生产经营使用，从这个角度看，它与普通股的性质相同，所不同的只是没有明确每个股东对留存收益所占的份额，站在股东立场，这部分资金应与普通股一样，给所有者带来报酬，这种报酬通常会以留存收益增加后所引起的股价上升和将会给股东带来更多预期股利的形式表现出来。因此，留存收益也应计算资本成本，它的资本成本水平基本上与普通股持平，所不同的是，筹资费用可以忽略不计。其成本计算公式为：

$$K = \frac{D_1}{P} + g$$

其中：

K——留存收益资本成本；

P——普通股筹资总额；

D_1——预计要发放的第一期股利；

g——普通股年利增长率。

步骤二　计算综合资本成本

 知识准备

实务中，企业可以通过多种渠道筹集资金。对于大多数企业而言，资金总额实际上是不同来源的资金组合，因而要全面衡量企业的资本成本，需要计算综合资本成本。所谓综合资本成本，是指一个企业各种不同筹资方式总的平均资本成本，它是以各种资金所占的比重为权数，对各种资本成本进行加权平均计算出来的，因此又称为加权平均资本成本。其计算公式为：

> 笔记

$$K_w = \sum_{j=1}^{n} K_j W_j$$

其中：

K_w——综合资本成本；

K_j——第 j 种资金的资本成本；

W_j——第 j 种资金占全部资金的比重。

1. 计算各种长期资金来源的个别资本成本

个别资本成本的计算可直接根据前面所述公式和提供的有关资料进行。

2. 计算各种长期资金来源占全部长期资金来源的比重

计算各种长期资金来源占全部长期资金来源的比重，也就是确定各个个别资本成本的权数。确定各个个别资本成本在综合资本成本中的权数，有三种不同的价格标准，即历史价格（账面价格）、现行市价和目标价格，它们各自的意义和适用范围如下：

① 历史价格是反映过去企业筹集一定量的长期资金所采用的价格水平，这种价格因为已登记入账，所以又称账面价格。由于这种价格是反映过去筹资数额的依据，所以计算综合资本成本时，它应与个别历史成本相配合，如此计算的综合资本成本是历史综合资本平均成本，它只能作为对未来筹资决策的参考；

② 现行市价是制定筹资决策时企业各种债券和股票的市价，这种价格水平只能反映制定决策当时的价格水平，不能反映未来筹资决策预期执行的价格水平，所以，它也只能作为进行筹资决策时的参考，不能作为筹资决策中计算个别资本成本权数的依据；

③ 目标价格是进行筹资决策时所预测的决策执行时的计划价格水平，它通常以现行价格为基础，以历史成本为参考，考虑未来时期影响股票和债券价格的因素调整确定。因此相应权数确定有三种方法：账面价值法、市场价值法和目标价值法。

3. 计算预计综合资本成本

在前两步计算的基础上，将前两步计算结果相乘，便可确定筹资综合资本成本。

做一做

威盛公司 2022 年度共有资金 1 100 万元，其中银行借款 100 万元，年利率 10%，手续费率 3%，长期债券 200 万元，年利率 12%，筹资费率 4%，普通股 500 万元，当年股利为 0.1 元，每股面值 6 元，筹资费率 5%，股利年增长率 6%，留存收益 300 万元，企业所得税税率为 25%。

要求：

（1）按照账面价值法计算该公司综合资本成本。

（2）若公司债券市场价值比账面价值高出 6%，普通股上涨 10%，其他条件不变。要求按照市场价值法计算该公司综合资本成本。

（3）预计在现有 1 100 万元长期资金的基础上，通过发行长期债券的形式增加到 1 500 万元。新增债券 400 万元，其年利率为 10%，筹资费率 5%，其他条件不变。要求按照目标价值法计算该企业综合资本成本。

注意

天下没有免费的午餐，资金的取得必定要付出相应的代价。若有人向你提供免费的午餐，那不是馅饼，一定是陷阱！

因此，财务人员一定要提高职业敏感度，提升自身素质，减少企业不必要的损失，远离非法集资，为稳定社会经济秩序作出贡献。

任务 3　掌握杠杆原理

任务描述

威盛公司的股东老王在股东大会上对公司本年度的财务数据表达了自己的看法，他认为公司在财务数据指标的计算上存在问题，随着进口国家的政治动荡因素影响，公司的出口业务下降，引起息税前利润同比下降 30%，而每股利润却下降了 45%。为什么普通股每股利润会比息税前利润下降的幅度更大呢？

根据前期积累的知识点和本任务的要求，分别计算经营杠杆系数、财务杠杆系数、综合杠杆系数，并对股东老王所产生的疑惑进行分析说明。

任务实施

步骤一　计算经营杠杆系数

1. 经营杠杆效应

在企业生产经营中，总会有这样一种现象：在单价和成本水平不变的条件下，销售量的增长会引起息税前利润以更大的幅度增长，这就是经营杠杆效应,也称为经营杠杆。经营杠杆效应产生的原因是当销售量增加时,变动成本将同比增长,销售收入也同比增加,但固定成本总额不变,单位固定成本以反比例降低,这就导致单位产品成本降低,每单位产品利润增加,于是利润比销售量增加得更快。

经营风险是指由于经营上的原因导致的风险,从而给企业利润额或利润率带来不确定性。影响经营风险的因素有很多,如产品需求变化、产品售价变化、原材料成本变动、市场需求变化、固定成本比重变化,等等。

2. 经营杠杆系数及其计算

经营杠杆系数也称为经营杠杆率(DOL),是指息税前利润变动率相对于销售量变动率的倍数。其定义公式为:

$$\text{经营杠杆系数}(DOL) = \frac{\text{息税前利润变动率}}{\text{销售量变动率}} = \frac{\frac{\Delta EBIT}{EBIT_0}}{\frac{\Delta x}{x_0}}$$

其中:

$\Delta EBIT$——息税前利润变动额;

Δx——业务量或产销量变动额;

$EBIT_0$——基期息税前利润;

x_0——基期业务量或产销量。

做一做

威盛公司 2019 年、2020 年、2021 年连续三年的销售量、利润资料如表 1-9 所示。

表 1-9 威盛公司近三年利润

项目	2019 年	2020 年	2021 年
单价(p)/(元・件$^{-1}$)	150	150	150
单位变动成本(b)/(元・件$^{-1}$)	100	100	100
单位边际贡献(cm)/(元・件$^{-1}$)	50	50	50
销售量(x)/件	10 000	20 000	30 000
边际贡献(Tcm)/元	500 000	1 000 000	1 500 000
固定成本(a)/元	200 000	200 000	200 000
息税前利润($EBIT$)/元	300 000	800 000	1 300 000

从 2019 年到 2020 年,销售量增长了 100%,息税前利润增长了 166.67%;从 2020 年到 2021 年,销售量增长了 50%,息税前利润增长了 62.5%。

要求:计算 2020 年和 2021 年的经营杠杆系数。

利用上述定义公式计算经营杠杆系数，必须掌握利润变动率和销售量变动率，这是事后反映，不便于利用 DOL 进行预测。为此，人们推导出一个只需用基期数据计算经营杠杆系数的公式：

对定义公式进行推导：

$$DOL = \frac{\frac{\Delta EBIT}{EBIT_0}}{\frac{\Delta x}{x_0}} = \frac{EBIT_1 - EBIT_0}{EBIT_0} \times \frac{x_0}{x_1 - x_0}$$

$$= \frac{cm \times (x_1 - x_0)}{EBIT_0} \times \frac{x_0}{x_1 - x_0} = \frac{Tcm_0}{EBIT_0}$$

$$= \frac{\text{基期边际贡献}}{\text{基期息税前利润}}$$

其中：

$EBIT_1$——预测期息税前利润；

$EBIT_0$——基期息税前利润；

x_1——预测期销售量；

x_0——基期销售量。

做一做

仍按上述资料，根据 2019 年、2020 年数据运用预测公式分别计算 2020 年、2021 年的经营杠杆系数。

___

___

___

___

知识延伸

引起企业经营风险的主要原因是<u>市场需求</u>和<u>成本</u>等因素的<u>不确定性</u>，经营杠杆本身并不是利润不稳定的根源。通过上述计算也可以看出，<u>经营杠杆系数</u>越大，利润变动就越剧烈，企业的<u>经营风险</u>就越大。一般情况下，经营性固定成本占总成本的比例越大，经营杠杆系数就越高，经营风险就越大。如果经营性固定成本为 0，则经营杠杆系数就为 1，企业就没有经营风险。

利用经营杠杆，企业在可能的情况下适当增加产销量，会取得更多的盈利——经营杠杆利益；但也必须认识到当企业遇到不利的情况而销售量下降时，息税前利润会以更大幅度下降，即经营杠杆也会带来经营风险。

步骤二 计算财务杠杆系数

1. 财务杠杆效应

企业在核算普通股每股利润时会有这么一种现象：在资金结构不变的情况下，息税前利润的增长会引起普通股每股利润以更大幅度的增长，这就是财务杠杆效应。财务杠杆效应产生的原因是当息税前利润增长时，债务利息不变，优先股股利不变，这就导致普通股每股利润比息税前利润增加得更快。

财务风险是指因企业资本结构不同而影响企业支付本息能力方面的风险。影响财务风险的主要因素有资本供求的变化、利率水平的变化、企业获利能力的变化、企业资本结构的变化，等等。

2. 财务杠杆系数及其计算

财务杠杆系数也称为财务杠杆率（DFL），是指普通股每股利润变动率相对于息税前利润变动率的倍数。其定义公式为：

$$财务杠杆系数(DFL)=\frac{普通股每股利润变动率}{息税前利润变动率}=\frac{\frac{\Delta EPS}{EPS_0}}{\frac{\Delta EBIT}{EBIT_0}}$$

其中：

ΔEPS ——普通股每股利润变动额；

$\Delta EBIT$ ——息税前利润变动额；

EPS_0 ——基期普通股每股利润；

$EBIT_0$ ——基期息税前利润。

做一做

威盛公司 2019 年、2020 年、2021 年连续三年的息税前利润、普通股每股利润资料如表 1-10 所示。

表 1-10 威盛公司近三年资料 元

项目	2019 年	2020 年	2021 年
息税前利润（EBIT）	300 000	800 000	1 300 000
债务利息（I）	100 000	100 000	100 000
税前利润	200 000	700 000	1 200 000
所得税（T）	50 000	175 000	300 000
税后利润	150 000	525 000	900 000
普通股每股利润（EPS）	1.5	5.25	9

从 2019 年到 2020 年，息税前利润增长了 166.67%，普通股每股利润增长了 250%；从 2020 年到 2021 年，息税前利润增长了 62.5%，普通股每股利润增长了 71.43%。

要求：计算 2020 年和 2021 年的财务杠杆系数。

📖 **笔记**

利用上述定义公式计算财务杠杆系数，必须掌握普通股每股利润变动率和息税前利润变动率，这是事后反映，不便于利用 DFL 进行预测。为此，人们推导出一个只需用基期数据计算财务杠杆系数的公式：

对定义公式进行推导：

$$DFL = \frac{\frac{\Delta EPS}{EPS_0}}{\frac{\Delta EBIT}{EBIT_0}} = \frac{\frac{(EBIT_1 - I) \times (1-t) - D}{n} - \frac{(EBIT_0 - I) \times (1-t) - D}{n}}{\frac{(EBIT_0 - I) \times (1-t) - D}{n}} \div \frac{EBIT_1 - EBIT_0}{EBIT_0}$$

$$= \frac{(EBIT_1 - EBIT_0) \times (1-t)}{(EBIT_0 - I) \times (1-t) - D} \times \frac{EBIT_0}{EBIT_1 - EBIT_0}$$

$$= \frac{EBIT_0}{EBIT_0 - I - \frac{D}{1-t}}$$

$$= \frac{基期息税前利润}{基期息税前利润 - 债务利息 - \frac{优先股股利}{1-所得税税率}}$$

其中：

I——债务利息；

t——所得税税率；

D——优先股股利；

n——普通股股数。

对于无优先股的股份制企业或非股份制企业，上述财务杠杆的计算公式可简化为：

$$DFL = \frac{EBIT_0}{EBIT_0 - I} = \frac{基期息税前利润}{基期税前利润}$$

 **做一做**

仍按上述资料，根据 2019 年、2020 年的数据运用预测公式分别计算 2020 年、2021 年的财务杠杆系数。

笔记

 知识延伸

从预测公式可以看出，若企业资金中没有负债，即 $I=0$，则财务杠杆系数等于1，EPS 的变动率等于 EBIT 的变动率，企业也就得不到财务杠杆利益，当然也就没有财务风险。在资金总额和 EBIT 相同的情况下，负债比率越高，财务杠杆系数越大，普通股每股收益波动的幅度越大，财务风险就越大。反之，就越小。

企业适度负债经营，在盈利条件下可能会给普通股股东带来更多的利益——财务杠杆利益；但同时也必须认识到，当企业遇到不利的情况而盈利下降时，普通股股东的利益会以更大幅度下降，即财务杠杆效应也会带来财务风险。

步骤三　计算综合杠杆系数

1. 综合杠杆效应

在一段时期内，由于存在固定的生产经营成本和不变的销售单价，会产生经营杠杆效应，即销售量的增长会引起息税前利润以更大幅度增长；由于存在固定的财务成本（债务利息和优先股股利），会产生财务杠杆效应，即息税前利润的增长会引起普通股每股利润以更大幅度增长。一个企业会同时存在固定的生产经营成本、不变的销售单价和固定的财务成本，那么两种杠杆效应会共同发生，具有连锁作用，形成销售量的变动使普通股每股利润以更大幅度变动。综合杠杆就是经营杠杆和财务杠杆的综合效应。

2. 综合杠杆系数及其计算

综合杠杆也称为复合杠杆，又称为总杠杆（DTL），是指普通股每股利润变动率相对于销售量变动率的倍数。其定义公式为：

$$\text{综合杠杆系数（DTL）} = \frac{\text{普通股每股利润变动率}}{\text{销售量变动率}} = \frac{\frac{\Delta EPS}{EPS_0}}{\frac{\Delta x}{x_0}}$$

对于综合杠杆系数，可以推导出它的计算公式：

$$DTL = \frac{\Delta EPS \div EPS_0}{\Delta x \div x_0} = \frac{\Delta EBIT \div EBIT_0}{\Delta x \div x_0} \times \frac{\Delta EPS \div EPS_0}{\Delta EBIT \div EBIT_0}$$

$$= DOL \times DFL$$

$$= \frac{Tcm_0}{EBIT_0} \times \frac{EBIT_0}{EBIT_0 - I - \frac{D}{1-t}}$$

$$= \frac{Tcm_0}{EBIT_0 - I - \frac{D}{1-t}}$$

可见，综合杠杆系数可以由经营杠杆系数与财务杠杆系数相乘得到，也可以由基期数据直接计算得到。

 做一做

仍按上述资料，根据 2019 年、2020 年、2021 年的数据，运用定义公式计算 2020 年、2021 年的综合杠杆系数；根据 2019 年、2020 年、2021 年的数据运用预测公式分别计算 2020 年、2021 年及 2022 年的综合杠杆系数。

 知识延伸

综合杠杆作用使每股收益大幅度波动而造成的风险，称为复合风险。从以上分析可以看出，在综合杠杆的作用下，当企业经济效益好时，每股收益会大幅上升；当经济效益差时，每股收益会大幅下降。综合杠杆系数越大，每股收益的波动幅度就越大，综合风险就越大，反之，就越小。

 思政课堂

未雨绸缪，出自《诗经·豳风·鸱鸮》，意思是趁着天没下雨，先修缮房屋门窗。比喻事先做好准备工作，预防意外的发生。

利用杠杆原理，是在方案没有发生时财务人员做好预测，为管理者提供决策依据。这就要求财务人员精益求精，发扬工匠精神，利用杠杆效应给企业带来更大的收益。

任务 4　进行资本结构决策

 任务描述

威盛公司 2021 年度因扩大业务规模需要追加资金，经财务人员筛选，现至少有两个及以上的筹资组合方案可供选择。根据已有资料和本任务要求达到的水平，采用比较综合资本成本法、比较普通股每股利润法和无差别点法对资金结构进行优化，作出合理的选择。

任务实施

步骤一　分析影响资本结构的因素

知识准备

> 资本结构及其管理是企业筹资管理中的核心问题。如果企业现有资本结构不合理，则会影响到企业资本成本的高低、财务风险的大小和投资者的得益。企业努力寻求一种最佳资本结构，使资本成本最低、风险最小、企业价值最大，在资本结构及其管理中，应通过实施控制达到优化调整资本结构的目的，使其趋于科学合理。
>
> 筹资管理中，资本结构有广义和狭义之分。广义的资本结构是指全部债务与股东权益的构成比例；狭义的资本结构是指长期负债与股东权益的构成比例。在狭义资本结构下，短期债务作为营运资金来管理。本书所指的资本结构，是狭义的资本结构。
>
> 不同的资本结构会给企业带来不同的后果。企业利用债务资本进行举债经营具有双重作用，既可以发挥财务杠杆效应，也可能带来财务风险，因此企业必须权衡财务风险和资本成本的关系，确定最佳资本结构。评价企业资本结构最佳状态的标准应该是能够提高股权收益或降低资本成本，最终目的是提升企业价值。

注意

> 从理论上讲，最佳资本结构是存在的，但由于企业内部条件和外部条件的经常变化，动态地保持最佳资本结构十分困难。因此，在实践中，目标资本结构通常是企业结合自身实际进行适度负债经营所确立的最佳资本结构。

步骤二　优化资本结构

资本结构优化，要求企业衡量负债的低资本成本和高财务风险的关系，确定合理的资本结构。资本结构优化的目标，是降低平均资本成本率或提高企业价值。

1. 比较综合资本成本法

当企业对不同筹资方案作出选择时，可采用比较综合资本成本法选定一个资本结构较优的方案。

 做一做

威盛公司 2022 年年初的资本结构如表 1–11 所示。

表 1–11　威盛公司 2022 年年初资本结构　　　　　　万元

资金来源	金额
普通股 5 万股（筹资费率 2%）	500
长期债券年利率 10%（筹资费率 2%）	300
长期借款年利率 5%（无筹资费率）	200
合计	1 000

普通股每股面额 100 元，今年期望股息为 10 元，预计以后每年股息率将增加 2%，所得税税率为 25%。

该企业现拟增资 500 万元，有以下两个方案可供选择：

甲方案：发行长期债券 500 万元，年利率 12%，筹资费率 2%。普通股每股股息增加到 12 元，以后每年需增加 3%。

乙方案：发行长期债券 250 万元，年利率 10%，筹资费率 2%，另以每股 125 元发行股票 250 万元，筹资费率 3%，普通股每股股息增加到 12 元，以后每年仍增加 3%。

要求：

（1）计算 2022 年年初的综合资本成本；

（2）试作出增资决策。

 教你一招

优化标准：采取比较综合资本成本法进行资本结构决策时，应选择几个方案中综合资本成本最低的方案。

笔记

2. 比较普通股每股利润法

从普通股股东的得益这一角度考虑，资本结构的优化可以采用比较普通股每股利润法。

 做一做

威盛公司现有权益资金 500 万元（普通股 50 万股，每股面值 10 元）。企业拟再筹资 500 万元，预计增资后当年可实现息税前利润 100 万元，公司适用的所得税税率为 25%。有三个方案可供选择：

甲方案：发行年利率为 8% 的长期债券；

乙方案：增发普通股 50 万股；

丙方案：发行年股息率为 10% 的优先股 300 万元；发行年利率为 9% 的长期债券 200 万元。

要求：选择最佳资本结构。

教你一招

> 优化标准：采取比较普通股每股利润法进行资本结构决策时，应选择几个方案中普通股每股利润最大的方案。

3. 无差别点法

无差别点是指使不同资本结构的每股利润相等的息税前利润点，这个点是两种资本结构优劣的分界点。无差别点分析是指对不同资本结构的获利能力进行分析，无差别点分析可称为 $EBIT-EPS$ 分析。无差别点法如图 1-3 所示。

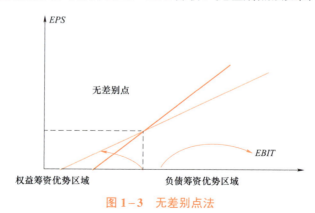

图 1-3 无差别点法

具体操作步骤如下：
（1）分别列出每个方案普通股每股利润（EPS）的方程式；
（2）令 $EPS_1 = EPS_2$，求得 $EBIT_0$；
（3）将 $EBIT_0$ 代入方程，解得 EPS_0，则（$EBIT_0$，EPS_0）为无差别点；
（4）根据无差别点在图像中的位置进行分析。

做一做

威盛公司现有资本结构全部为普通股 1 000 万元，每股 10 元，折合股数 100 万股，该企业所得税税率为 25%。现拟增资 500 万元，有甲、乙两个筹资方案可供选择：

甲方案：发行普通股 50 万股，每股 10 元；

乙方案：发行普通股 20 万股，每股 10 元；另发行债券 300 万元，债券年利率 10%。

要求：做无差别点分析。

_____
_____
_____
_____

教你一招

> 增资后若实现的息税前利润 EBIT 小于无差别点利润，采用权益资金筹集；
>
> 增资后若实现的息税前利润 EBIT 大于无差别点利润，采用负债资金筹集；
>
> 增资后若实现的息税前利润 EBIT 等于无差别点利润，则采取其中任何一个方案均可，因为在这一点上实现的普通股每股利润是无差别的。

知识延伸

> 上述三种优化资本结构的方法都有一定的局限性。首先，它们都仅对有限的方案选优，因此只能是较优，不可能是最优；其次，它们与理财的总目标——股东财富最大化不可能完全一致，在第一种方法下，综合资本成本最低，并不能保证股东财富最大；在第二、三种方法下，假定普通股每股利润越大，则普通股股价越高，从而股东财富越大，但事实上普通股股价并不仅取决于每股利润，还受很多因素的影响。

自我测试

1. 下列各项中，不属于商业信用筹资内容的是（　　）。
   A. 赊购商品　　　　　　　　B. 预收货款
   C. 应收票据贴现　　　　　　D. 用商业汇票购货

2. 吸收直接投资有利于降低财务风险，原因在于（　　）。
   A. 主要来源于国家投资
   B. 投资者承担无限责任
   C. 主要是用现金投资
   D. 向投资者支付的报酬可以根据企业的经营状况决定，比较灵活

3. 公司拟发行 5 年期债券进行筹资，债券票面金额 100 元，票面利率为 12%，每年末付息一次，到期还本，当时市场利率为 10%，那么该公司债券发行价格应为（　　）元。
   A. 93.33　　　B. 95.40　　　C. 107.58　　　D. 108.60

4. 下列各项中，企业可以获得负债筹资的是（　　）。
   A. 发行股票　　　　　　　　B. 吸收直接投资
   C. 发行债券　　　　　　　　D. 留存收益

5. 某企业取得 3 年期长期借款 300 万元，年利率为 10%，每年付息一次，到期一次还本，筹资费率为 0.5%，企业所得税税率为 25%。则该项长期借款的资本成本为（　　）。
   A. 10%　　　B. 7.4%　　　C. 6%　　　D. 7.54%

6. 某企业经批准发行优先股股票，筹资费率和年股息率分别为 6% 和 9%，则优先股的资本成本为（　　）。
   A. 10%　　　B. 6%　　　C. 9.57%　　　D. 9%

7. 某公司普通股每股发行价为 100 元，筹资费率为 5%，本年发放现金股利，每股 12 元，以后每年增长 4%，则普通股的资本成本为（　　）。
   A. 17.14%　　　B. 19.7%　　　C. 19%　　　D. 20.47%

8. 某公司计划发行债券，债券面值 500 万元，年利息率 10%，预计筹资费率为 5%，预计发行价格 600 万元，所得税税率为 25%，则该债券的成本为（　　）。
   A. 10%　　　B. 7.05%　　　C. 5.3%　　　D. 6.58%

9. 一般而言，企业资本成本最高的筹资方式是（　　）。
   A. 发行债券　　　　　　　　B. 长期借款
   C. 发行普通股　　　　　　　D. 发行优先股

10. 只要企业存在固定成本，则经营杠杆系数必（　　）。
    A. 与销售量成正比　　　　　B. 与固定成本成反比
    C. 恒大于 1　　　　　　　　D. 与风险成反比

11. 债务成本一般要低于普通股成本，这主要是因为（　　）。
    A. 债券的发行量小　　　　　B. 债券的筹资费用少

C. 债券的利息固定　　　　　　　D. 债券风险小，且利息具有抵税效应

12. 经营杠杆给企业带来的风险是指（　　）。
　　A. 成本上升的风险
　　B. 利润下降的风险
　　C. 业务量变动导致息税前利润更大变动的风险
　　D. 业务量变动导致息税前利润同比例变动的风险

13. 某公司全部资本为 150 万元，负债比率为 40%，债务利率为 10%，当销售额为 130 万元时，息税前利润为 25 万元，则该公司的财务杠杆系数为（　　）。
　　A. 1.32　　　　B. 1.26　　　　C. 1.5　　　　D. 1.56

14. 财务杠杆说明（　　）。
　　A. 息税前利润变动对每股收益的影响
　　B. 企业经营风险的大小
　　C. 销售收入的增加对每股收益的影响
　　D. 可通过扩大销售影响息税前利润

15. 财务杠杆系数同企业资本结构密切相关，需支付固定性资本成本的债务资产所占比重越大，企业的财务杠杆系数（　　）。
　　A. 越小　　　　B. 越大　　　　C. 不变　　　　D. 反比例变化

16. 某公司财务杠杆系数等于 1，这表明该公司当期（　　）。
　　A. 利息与优先股股息为零
　　B. 利息为零，而有无优先股股息不好确定
　　C. 利息与息税前利润为零
　　D. 利息与固定成本为零

17. 某企业取得 3 年期长期借款 300 万元，年利率为 10%，每年付息一次，到期一次还本，筹资费率为 0.5%，企业所得税税率为 33%。则该项长期借款的资本成本为（　　）。
　　A. 10%　　　　B. 7.4%　　　　C. 6%　　　　D. 6.7%

18. 不存在财务杠杆作用的筹资方式是（　　）。
　　A. 发行普通股　　　　　　　　B. 发行优先股
　　C. 发行债券　　　　　　　　　D. 银行借款

19. 某企业在不发行优先股的情况下，本期财务杠杆系数为 2，本期息税前利润为 400 万元，则本期实际利息费用为（　　）万元。
　　A. 200　　　　B. 300　　　　C. 400　　　　D. 250

20. 企业全部资金中股权资金占 50%，负债资金占 50%，则企业（　　）。
　　A. 只存在经营风险
　　B. 只存在财务风险
　　C. 存在经营风险和财务风险
　　D. 经营风险和财务风险可以相互抵销

21. 某公司的经营杠杆系数为 2，预计息税前利润将增长 10%，在其他条件不变的情况下，销售量将增长（　　）。

A. 5% B. 10% C. 15% D. 20%

22. 某公司的经营杠杆系数为 1.8，财务杠杆系数为 1.5，则该公司销售额每增长 1 倍，就会造成每股利润增加（　　）。

A. 1.2 倍 B. 1.5 倍 C. 0.3 倍 D. 2.7 倍

23. 下列对经营杠杆产生的原因表述，正确的有（　　）。

A. 不变的固定成本 B. 不变的产销量
C. 不变的债务利息 D. 不变的优先股股利

24. 下列关于最佳资本结构的表述，不正确的有（　　）。

A. 公司总价值最大时的资本结构是最佳资本结构
B. 在最佳资本结构下，公司综合资本成本率最低
C. 若不考虑风险价值，息税前利润高于无差别点 $EBIT$，运用负债筹资可实现最佳资本结构
D. 若不考虑风险价值，息税前利润高于无差别点 $EBIT$，运用股权筹资可实现最佳资本结构

25. 对企业财务杠杆进行计量，最常用的指标是（　　）。

A. 息税前利润变动率 B. 普通股每股利润变动率
C. 财务杠杆系数 D. 财务杠杆

26. 每股利润无差别点是指两种筹资方案下，普通股每股收益相等时的（　　）。

A. 成本总额 B. 筹资总额
C. 资本结构 D. 息税前利润

27. （　　）适用于息税前利润不能明确预见，但可估测大致范围的情况。

A. 比较综合资本成本法 B. 比较普通股每股利润法
C. 无差别点法 D. $EBIT$ 分析法

28. 进行资本结构决策时，使用（　　）。

A. 个别资本成本 B. 加权平均资本成本
C. 边际资本成本 D. 完全成本

29. 综合杠杆系数可以由经营杠杆系数与财务杠杆系数（　　）得到。

A. 相乘 B. 相减 C. 相加 D. 相除

30. 最佳资本结构是指在一定条件下使（　　）的资本结构。

A. 企业加权平均资本成本最低、企业价值最大
B. 企业加权平均资本成本最低、企业价值最小
C. 企业加权平均资本成本最高、企业价值最小
D. 企业加权平均资本成本最高、企业价值最大

学习成果测评

1. 威盛公司 2022 年度向甲企业购入一批商品，价值 100 万元，付款条件为 "2/10，$n/30$"。

要求：

（1）计算该公司在 10 天内付款，可获得的免费应用额；

（2）计算如果该公司在 30 天内付款，则该公司承诺的放弃现金折扣成本。

2. 威盛公司需要筹资 4 000 万元，拟通过银行借款、发行债券、发行普通股三种方式筹集。按照不同比例分别形成甲、乙、丙三个筹资方案，各自资本成本已确定。有关资料如表 1-12 所示。

表 1-12　威盛公司三种方案　　　　　　　　　　　　　　　%

筹资方式	资本结构			个别资本成本
	甲方案	乙方案	丙方案	
银行借款	40	30	20	6
发行债券	10	15	20	8
发行普通股	50	55	60	9
合计	100	100	100	

要求：运用比较综合资本成本法确定该公司的最佳资本结构。

3. 威盛公司 2022 年度为筹集资金，计划发行债券 200 万元，票面利率 8%；优先股 200 万元，股利率 15%；普通股 100 万元，预计下一年的股利率为 20%，股利以每年 2% 的速度递增，筹资费率为 5%。

要求：计算此次筹资计划的加权平均资本成本（企业适用所得税税率为 25%）。

4. 威盛公司 2022 年度现有资产 2 000 万元，其中负债为 800 万元，利率 7%；普通股股票 120 万股，每股发行价格为 10 元。企业本年度的息税前利润为 400 万元，所得税税率为 25%。

要求：

（1）计算企业的财务杠杆系数；

（2）若息税前利润增长 20%，则每股利润增长多少？达到每股多少元？

（3）若每股利润为 3 元，则息税前利润应达到多少？

附：学习成果测评标准（表 1-13）

表 1-13　学习成果测评标准　　　　　　　　　　　　　　　%

评价方式	准确性	规范性	参与度	合计
学生自评		10		10
小组互评		10		10
组内评价			10	10
教师评价	60	10		70
合计	60	30	10	100

笔记

项目二
组织经营预决策

 项目导读

在市场经济条件下，企业管理当局所做的决策至关重要，其经营与投资决策的正确与否，往往关系到一个企业的兴盛衰亡，关系到一个企业的生存与发展。如果企业有重大决策失误，企业局部的生产效率再高，也无济于事，企业会在激烈的竞争中被淘汰。因此，现代管理科学认为，管理的重心在经营，经营的重心在决策。

现代社会企业的生存和发展与市场息息相关，而市场又是瞬息万变的，只有通过预测，掌握大量的市场动态和发展的第一手数据资料，才能把握市场的发展方向，从而帮助企业管理层作出正确的决策，促进企业不断发展。

管理会计的核心内容就是在科学预测的基础上，对企业经营中出现的各种问题进行研究，利用会计信息进行决策分析，以帮助管理人员作出科学、正确的决策。

 三维目标

知识目标	□ 了解变动成本法 □ 掌握本量利分析法

能力目标	□ 能够开展预测分析 □ 能够组织经营决策分析

素质目标	□ 树立风险意识，提升数据分析素养 □ 养成先预测后决策的习惯

 **项目实施**

任务 1　应用变动成本法

 任务描述

威盛公司 5 月份童鞋的销售量出现了下滑，为了减少库存，公司将 6 月份的产量减少为 5 月份的一半，即 2 000 双。企业每月的固定成本是 200 000 元，经计算，5 月份每件产品的成本是 100 元，6 月份每件产品的成本是 150 元，成本增加了 50%。

经理认为是车间管理不善造成了成本的上升，因此要对车间主任和生产员工进行处罚。经计算分析，请你协助经理作出处理决定。

任务实施

步骤一　分析成本性态

成本性态又称成本习性，是指成本总额与业务总量（产量或销量）之间的依存关系。成本性态分析是根据成本与业务量之间的依存关系对成本进行分类，从数量上把握成本和业务量之间的规律，是企业进行正确决策与实施有效控制的常用工具之一。成本按性态可以分为固定成本、变动成本和混合成本三类。

1. 固定成本

（1）固定成本的概念

固定成本是指在一定期间和一定业务量范围内，其总额不受业务量变动的影响而保持固定不变的成本。其主要特点是在一定业务量范围内成本总额保持不变，而单位成本随着业务量的增加而不断下降，如图 2-1 和图 2-2 所示。例如，当以产量作为业务量时，按直线法计提的厂房和机器设备的折旧费、行政管理人员的工资、办公费、财产保险费、广告费、职工培训费、不动产税等，均属于固定成本。在管理会计中，固定成本的水平通常是以总额表现的。

扫描二维码

了解成本的其他分类方法

扫描二维码

观看动画：认识固定成本

笔记

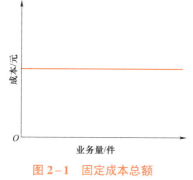

图 2-1 固定成本总额

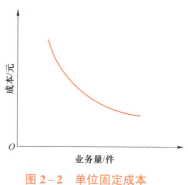

图 2-2 单位固定成本

注意

固定成本总是与一定的期间及某一特定的业务量相联系。对于不同的期间或是不同的业务量，其固定成本水平也并不一定相同。因此，在研究固定成本时，必须首先明确相应的时间范围和业务量的具体形式。

（2）固定成本的分类

企业在一定时期内发生的固定成本按其支出数额大小是否受管理层短期决策的影响，可进一步划分为约束性固定成本和酌量性固定成本两类。

① 约束性固定成本。

约束性固定成本又称经营能力成本，是指支出数额不受管理层的决策行动影响的固定成本。如固定资产折旧费、保险费、管理人员工资等。要降低约束性固定成本，应合理利用现有生产经营能力，提高生产效率。

② 酌量性固定成本。

酌量性固定成本又称选择性固定成本，是指通过管理层的决策行动能够改变其数额的固定成本。如企业的开发研究费、广告费、职工培训费等。要想降低酌量性固定成本，需要厉行节约，精打细算，利用编制预算进行严格控制。

思政课堂

李商隐《咏史》中讲到"历览前贤国与家，成由勤俭破由奢"，如何理解这句话？

2. 变动成本

（1）变动成本的概念

变动成本是指在一定期间和一定业务量范围内，其总额随着业务量的变动而成正比例变动的成本。其主要特点是总成本与业务量之间存在着一种稳定的比例关系，即其单位成本不受业务量变动的影响，如图 2-3 和图 2-4 所

扫描二维码

视频：
秦朝政府的
精打细算

示。如直接材料费、产品包装费、按件计酬的工人工资、销售佣金以及按业务量计算的固定资产折旧费等，均属于变动成本。

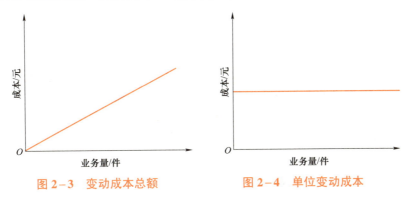

图2-3　变动成本总额　　　　图2-4　单位变动成本

⚡ 注意

在研究变动成本时，同样必须首先明确<u>业务量</u>的<u>具体形式</u>。因为有些成本对于某一特定业务量而言属于变动成本，而对于其他业务量来说，则不一定属于变动成本。

（2）变动成本的分类

变动成本按其发生的原因可以划分为<u>约束性变动成本</u>和<u>酌量性变动成本</u>。

① 约束性变动成本。

约束性变动成本是指<u>管理当局</u>的决策<u>不能改变</u>其支出数额的变动成本。这类成本通常表现为企业所生产产品的直接物耗成本，其中，以直接材料成本最为典型，如生产一台电脑需要主板、硬盘等，这些成本与产量有着明确的技术或实物关系，具有一定程度的约束性，这些成本的改变往往意味着企业产品的变化。

② 酌量性变动成本。

酌量性变动成本是指<u>管理当局</u>的决策<u>可以改变</u>其支出数额的变动成本。如按产量计酬的职工工资、按销售收入的一定比例计算的销售佣金等。这些支出的比例或标准主要取决于企业管理当局根据当时的市场情况所作出的决策。

3. 混合成本

（1）混合成本的概念

混合成本是指随业务量的变动而<u>变动</u>，但又<u>不成正比例变动</u>的那部分成本。

（2）混合成本的分类

混合成本按其与业务量的关系，可分为四种类型，分别是<u>半固定成本</u>、<u>半变动成本</u>、<u>延期变动成本</u>和<u>曲线式混合成本</u>。

① 半固定成本。

半固定成本又称阶梯式混合成本，它的特点是在<u>一定业务量范围内</u>发生额固定不变，当业务量增长超过该范围时，其发生额突然跳跃式上升，然后在业务量增长以后的一定范围内又固定不变，直到业务量范围再被突破，发生新的跳跃式变动为止，例如设备修理费、化验员和检验人员的工资等，如图2-5所示。

② 半变动成本。

半变动成本又称标准式混合成本，它的总额由两部分成本组成：一部分为固定成本，不受业务量变动影响；另一部分随业务量的变动而发生正比例变动，即变动成本部分，例如水电费、煤气费、电话费等公共事业费用，如图2-6所示。

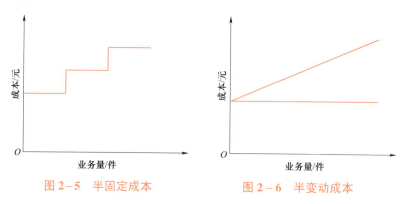

图2-5　半固定成本　　　图2-6　半变动成本

③ 延期变动成本。

延期变动成本又称低坡式混合成本，其成本总额在一定的业务量范围内保持稳定，但超过一定业务量后，则随业务量成正比例变动，如图2-7所示。例如在定额计件的工资制度下，职工完成正常工作定额只能取得基础工资；若超过定额，则除领取基础工资之外，还可取得按超产数额计算的超额计件工资。

④ 曲线式混合成本。

曲线式混合成本通常有一个初始量，在一定条件下保持不变，相当于固定成本。在这个初始量的基础上，随着业务量的增加，成本总额呈非线性的曲线式增加，如图2-8所示。按照曲线斜率的不同变动趋势，这类成本又可分为递增型混合成本和递减型混合成本。

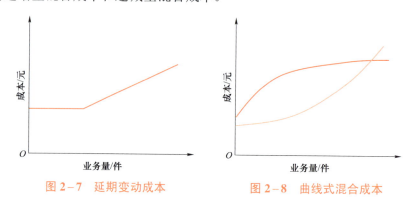

图2-7　延期变动成本　　　图2-8　曲线式混合成本

步骤二　分解混合成本

混合成本是一种既固定又不完全固定，既变动又不完全变动的双重性成本。它同业务量之间的依存关系不太清晰，人们无法据此对成本与业务量的依存关系作出正确的分析和判断。所以，必须采用一定的方法将混合成本中包含的固定成本因素和变动成本因素分解开来。

混合成本分解的常用方法有直接分析法、技术测定法和历史成本分析法，其中历史成本分析法主要包括高低点法、回归分析法和散布图法三种。

1. 高低点法

高低点法是指以过去一定时期内的最高点与最低点业务量的成本之差除以最高点业务量与最低点业务量之差，计算出单位变动成本 b，然后据此计算出成本中的固定成本 a 的一种定量分析方法。高点指过去一定时期有关资料中的最高业务量和相应的成本，低点是指资料中的最低业务量及相应的成本。

（1）高低点法的具体步骤

① 确定高低点。

在由各期业务量与相关成本构成的所有坐标点中，找出由最高业务量及其成本组成的高点坐标（x_2，y_2）和由最低业务量及其成本组成的低点坐标（x_1，y_1）。

② 确定单位变动成本。

将高点与低点的坐标值代入下式，计算单位变动成本 b。

$$b = \frac{业务量最高时总成本 - 业务量最低时总成本}{最高业务量 - 最低业务量} = \frac{y_2 - y_1}{x_2 - x_1}$$

③ 计算固定成本总额。

将高点或低点坐标值及 b 值代入下式，计算固定成本总额 a。

$$a = 高点混合成本总额 - b \times 高点业务量 = y_2 - bx_2$$
$$= 低点混合成本总额 - b \times 低点业务量 = y_1 - bx_1$$

④ 将 a、b 值代入 $y = a + bx$，写出一般成本性态模型。

（2）高低点法的优缺点

① 高低点法的优点在于简便易行，易于理解。

② 高低点法的缺点在于它只选择了该混合成本历史资料诸多数据中的最高点和最低点两组坐标来确定直线，建立该混合成本的成本性态模型，因而所建立的数学模型很可能不具有代表性，容易导致较大的计算误差。因此，这种方法只适用于成本变动趋势比较稳定的企业。

威盛公司 2021 年下半年甲产品业务量与维修费资料如表 2-1 所示。

扫描二维码

观看视频：
高低点法

📖 **笔记**

表 2-1　威盛公司甲产品业务量与维修费资料

月份	业务量/小时	维修费/元
7	41 000	5 400
8	38 000	5 100
9	53 000	6 600
10	46 000	5 700
11	43 000	5 650
12	49 000	5 780

2022 年 1 月份的业务量预计为 50 000 小时，请采用高低点法预测 2022 年 1 月份的维修费。

❓ **想一想**

威盛公司 2021 年 6—12 月甲产品业务量与维修费资料如表 2-2 所示。

表 2-2　威盛公司甲产品业务量与维修费资料

月份	业务量/小时	维修费/元
6	39 000	5 000
7	41 000	5 400
8	38 000	5 100
9	53 000	6 600
10	46 000	5 700
11	43 000	5 650
12	49 000	5 780

请选择高点与低点？

注意

高低点坐标的选择是以一定时期内业务量的高低来确定，而不是按成本的高低来确定。

2. 回归分析法

回归分析法是指根据过去一定时期的业务量和成本资料，建立反映成本和业务量之间关系的回归直线方程，并据此确定成本中的固定成本和变动成本的一种成本性态分析方法。

（1）回归分析法的具体步骤

① 找到 n 期的历史数据资料。

② 利用列表法对历史资料进行加工，分别求出 Σx、Σy、Σxy、Σx^2。

③ 按照公式求解。

$$b = (n\Sigma xy - \Sigma x \Sigma y) / [n\Sigma x^2 - (\Sigma x)^2]$$
$$a = (\Sigma y - b\Sigma x) / n$$

④ 建立混合成本模型。

将 a、b 值代入 $y = a + bx$，写出成本性态模型。

（2）回归分析法的优缺点

回归分析法计算较为精确，但相对来说，它的工作量也最大，不太适用于手工计算。

 **做一做**

威盛公司 2021 年下半年乙产品业务量与维修费资料如表 2-3 所示。

表 2-3　威盛公司乙产品业务量与维修费资料

月份	产量/件	混合成本/元
7	210	3 350
8	180	3 020
9	194	3 180
10	208	3 320
11	198	3 220
12	202	3 260

① 请用回归分析法建立混合成本模型。

② 请用表 2–4 进行计算。

表 2–4 计算表 元

月份	x	y	xy	x²
7	210	3 350		
8	180	3 020		
9	194	3 180		
10	208	3 320		
11	198	3 220		
12	202	3 260		
合计				

相关知识

设：

共有若干期（n）业务量（x）和成本（y）的资料，每期资料的 x、y 之间的关系可以用直线方程 y=a+bx 表示。

根据上述混合成本的基本方程式及实际所采用的一组 n 个观测值，即可建立回归直线的联立方程式：

$$\sum y = na + b\sum x \quad ①$$

以 x 乘式①中的每一项，得出：

$$\sum xy = a\sum x + b\sum x^2 \quad ②$$

将式①移项，即得：

$$a = (\sum y - b\sum x)/n \quad ③$$

将式③代入式②并移项化简，即得：

$$b = (n\sum xy - \sum x \sum y)/[n\sum x^2 - (\sum x)^2] \quad ④$$

3. 散布图法

散布图法是指将一定时期的混合成本历史数据，逐一在坐标图上标明以形成散布图，然后通过目测，在各个成本点之间作出一条反映成本变动平均趋势的直线，借以确定混合成本中变动成本和固定成本的方法。

（1）散布图法的基本步骤

① 以 x 轴代表业务量，以 y 轴代表成本，建立直角坐标系，把过去一定期间已发生的混合成本数据先在坐标图上形成若干个成本点。

② 通过目测，在各成本点之间画出一条能反映成本变动平均趋势的直线，该线与 y 轴的交点即为 a 的值。

③ 将 a 值代入混合成本 $y=a+bx$ 公式，可求得 b 值。

（2）散布图法的优缺点

采用散布图法通过目测画出成本变动平均趋势的直线，会因人而异，得出不同的混合成本模型，使结果很难准确。但该方法使用方便，容易理解。

步骤三　利用变动成本法计算成本与利润

 知识准备

认识变动成本法

变动成本法是指在组织常规的产品成本计算过程中，以成本性态分析为前提，在计算产品成本时只包括产品生产过程中所消耗的直接材料、直接人工和变动性制造费用即变动生产成本，而把固定性制造费用即固定生产成本及非生产成本全部作为期间成本处理的产品成本计算方法。变动成本法的主要特点有以下几个：

（1）以成本性态分析为基础计算产品成本

变动成本法在计算产品成本时只将与产品生产过程直接相联系的变动成本作为其成本构成，而把固定成本视为期间成本直接从本期收入中扣减。变动成本法正由于对变动成本和固定成本处理上的差异，决定了它在进行成本计算时，是以一定期间的全部成本按成本性态划分为变动成本和固定成本两大类为基础的。其中，变动成本主要包括变动生产成本、变动销售费用和变动管理费用；固定成本主要包括固定制造费用、固定销售费用和固定管理费用。

（2）突出边际贡献的计算

变动成本法的中心问题是计算、确定企业一定期间内经营某种产品的边际贡献，从而揭示产品的盈利能力同其销量、成本和利润之间的内在联系。按照变动成本法的要求，期间损益的计算程序为：

销售收入总额 − 变动成本总额 = 边际贡献总额

边际贡献总额 − 固定成本总额 = 税前利润总额

与此不同的是，完全成本法计算的中心问题是计算、确定企业在一定期间内经营某种产品的税前利润，通常是从当期销售收入总额中扣除全部销售成本，求得销售毛利，再从销售毛利中扣除三大期间费用，求得损益。

扫描二维码

观看视频：
变动成本法

笔记

> **笔记**
>
> （3）主要用于企业内部的经营管理
>
> 虽然变动成本法已经发展成为一种比较成熟的成本计算方法，有利于企业的成本控制，但从目前情况看，变动成本法主要还是应用于企业的内部管理，是为了对成本进行事前规划、日常控制和业绩考评，已成为企业内部管理的一种重要方法。

1. 利用变动成本法计算产品成本与期间成本（也叫期间费用）

在变动成本法下，产品成本只包括变动生产成本，固定成本和非生产成本则完全作为期间成本处理。两种成本计算法下成本的划分标准如表 2-5 所示。

表 2-5　两种成本计算法下成本的划分标准

标准		变动成本法	完全成本法	
成本划分类别	变动成本	直接材料	产品成本	直接材料
		直接人工		直接人工
		变动制造费用、变动销售费用、变动管理费用		制造费用
	固定成本	固定制造费用、固定销售费用、固定管理费用	期间成本	销售费用
				管理费用

两种成本计算法下产品成本和期间成本的构成内容如表 2-6 所示。

表 2-6　两种成本计算法下产品成本和期间成本的构成内容

变动成本法	成本内容	完全成本法
产品成本	直接材料	产品成本
	直接人工	
	变动制造费用	
期间成本	固定制造费用	期间成本
	变动销售和管理费用	
	固定销售和管理费用	

> **注意**
>
> 完全成本法是按照成本的经济用途把企业的全部成本分为产品成本和期间成本两大类，产品成本包括全部生产成本，非生产成本作为期间成本处理。

 **教你一招**

> 在产品成本构成内容上的差别是变动成本法与完全成本法的主要区别，其他方面的区别均由此产生。

2. 变动成本法下存货成本的计算

广义的产品有销货和存货两种实物形态。在期末存货和本期销货均不为零的条件下，本期发生的产品成本最终表现为销货成本和存货成本。由于变动成本法与完全成本法在产品成本构成内容上各不相同，因此，产成品和在产品存货的构成内容也就不相同。

采用变动成本法计算产品成本，不论是库存产成品、在产品还是已销产品，其成本均只包括生产成本中的变动部分。在变动成本法下，固定生产成本作为期间成本处理，直接计入当期利润，不会转化为销货成本和存货成本。

扫描二维码

观看视频：
变动成本法与完全成本法的区别

 注意

> 采用完全成本法计算产品成本，固定制造费用和其他生产成本一样，需要在已销产品与未销产品之间进行分配，把本期已销产品应分摊的固定制造费用作为本期销售成本，未销售部分应分摊的固定制造费用计入存货，递延到下期，因此，采用变动成本法计算的期末存货计价由于不包括固定制造费用，必然小于采用完全成本法计算的期末存货计价。

做一做

威盛公司二分厂只生产一种产品，产品单价为 40 元/件，直接材料 5 元/件，直接人工 9 元/件，变动制造费用 2 元/件，固定制造费用总额为 480 000 元，固定销售和管理费用为 100 000 元（假定无变动销售管理费用），存货按先进先出法计价。全年产量为 10 000 件，销量为 9 000 件。

分别用完全成本法和变动成本法计算企业的产品成本和期间成本，请在表 2-7 中列示计算过程。

📝 笔记

表 2-7　两种成本计算法计算的产品成本和期间费用　　　　　元

成本计算方法	产品成本	期间成本
完全成本法		
变动成本法		

3. 变动成本法下税前净利的计算

采用变动成本法计算，对固定制造费用的补偿由当期销售的产品承担；而采用完全成本法计算，对固定制造费用是由当期生产的产品分摊，按期末未销产品与当期已销产品的比例补偿。

 教你一招

两种成本计算法下利润表的格式如表 2-8 所示。

表 2-8　两种成本计算法下利润表的格式

完全成本法	变动成本法
销售收入	销售收入
减：销售成本	减：变动成本
期初存货成本	变动生产成本
加：本期生产成本	变动销售费用
可供销售的产品成本	变动管理费用
减：期末存货成本	变动成本合计
销售成本合计	边际贡献
销售毛利	减：固定成本
减：营业费用	固定制造费用
销售费用	固定销售费用
管理费用	固定管理费用
营业费用合计	固定成本合计
营业利润	营业利润

 做一做

威盛公司二分厂只生产一种产品，产品单价为 40 元/件，直接材料 5 元/件，直接人工 9 元/件，变动制造费用 2 元/件，固定制造费用总额为 480 000

元，固定销售和管理费用为 100 000 元（假定无变动销售管理费用），存货按先进先出法计价。

近三年产销量如表 2-9 所示。

表 2-9　威盛公司近三年产销量　　　　　　　　　　　件

产销量	第 1 年	第 2 年	第 3 年
期初存货量	0	0	10 000
本期生产量	30 000	40 000	25 000
本期销售量	30 000	30 000	30 000
期末存货量	0	10 000	5 000

请编制变动成本法下的利润表，如表 2-10 所示。

表 2-10　变动成本法下的利润表　　　　　　　　　　元

产销量	第 1 年	第 2 年	第 3 年
销售收入			
减：变动成本			
减：固定制造费用			
减：固定销售管理费用			
营业利润			

请编制完全成本法下的利润表，如表 2-11 所示。

表 2-11　完全成本法下的利润表　　　　　　　　　　元

项目	第 1 年	第 2 年	第 3 年
销售收入			
期初存货成本			
本期生产成本			
期末存货成本			
销售成本			
销售毛利			
减：营业费用			
营业利润			

📝 **笔记**

由于两种成本计算方法对固定制造费用的处理不同，计入损益的金额会有一定差异，差异的大小取决于产量与销量的均衡程度，且表现为相向关系，即产销越均衡，两种成本计算法所计算的损益差额就越小，反之，则越大。只有产成品实现零存货即产销绝对均衡时，损益计算上的差异才会消失。事实上，产销绝对均衡只是个别的和相对的，不均衡才是普遍的和绝对的。

① 当生产量等于销售量或期末存货量等于期初存货量时，采用两种成本法计算的税前净利相等，但应假定各批次存货单位成本相等才成立，如果各批次存货单位成本不相等，尽管本期生产量等于销售量，计算出来的税前净利也不一定相等。

② 当生产量大于销售量或期末存货量大于期初存货量时，则采用完全成本法计算确定的税前利润大于采用变动成本法计算确定的税前净利，其差额等于期末存货包含的固定制造费用减期初存货包含的固定制造费用。

③ 当生产量小于销售量或期末存货量小于期初存货量时，则采用完全成本法计算所确定的税前净利小于采用变动成本法计算确定的税前净利。其差额等于期初存货包含的固定制造费用减期末存货包含的固定制造费用。

 注意

> 在变动成本法下，税前净利应按下列两步计算：
> 　　　　边际贡献=销售收入－变动成本
> 　　　　税前净利=边际贡献－固定成本

 相关知识

> ### 对变动成本法的评价
>
> （1）优点
>
> ① 变动成本法能够促使企业重视销售，防止盲目生产。采用变动成本法计算利润，在售价、单位变动成本和产品销售结构水平不变的条件下，营业利润直接与产品销量挂钩，从而促使企业重视销售环节，搞好销售预测，做到以销定产，减少或避免因盲目生产而带来的损失。
>
> ② 变动成本法能够提供对企业管理层预测和短期决策有用的信息。变动成本法所提供的变动成本信息能帮助企业管理层实施本量利分析，有利于预测经营前景、规划未来。

③ 变动成本法有利于企业加强成本控制和正确地进行业绩评价。采用变动成本法，产品变动生产成本不受固定成本的影响，因而变动成本的升降最能反映供应部门和生产部门的工作业绩。

④ 变动成本法能够简化成本计算。采用变动成本法，把固定制造费用列作期间成本，无须在成本对象之间进行分配，大大简化了间接成本的分配过程。

（2）缺点

① 变动成本法不符合财务会计的产品成本概念及对外报告的要求。按照各国会计准则的要求，产品成本是指生产过程中发生的全部生产成本，应当包括固定制造费用。对外编制财务报表时，产品存货的计价和损益的计算都应当以完全成本为基础，而按变动成本法确定的产品存货成本不能被企业外部有关各方所认可。

② 变动成本法不能适应长期决策的需要。变动成本法以相关范围假定为前提，即假定单位变动成本和固定成本在相关范围内保持不变。而在长期决策中，由于涉及的时间较长，要解决诸如增加或减少生产能力和扩大或缩小经营规模的问题，再加上通货膨胀和技术进步等因素的影响，固定成本和单位变动成本的水平不可能长期保持不变，甚至可能会发生很大的变化。这就必然会突破相关范围的限制，因此，变动成本法所提供的资料对短期决策非常有用，但对长期决策来说就难以胜任了。

任务 2　开展本量利分析

 任务描述

威盛公司打算生产一种新款女装，设计的服装样式新颖而且非常受年轻女士的欢迎，所以，服装销售的预测情况比较理想，公司预计的销售单价为 800 元，预计 2022 年全年销量能达到 10 000 件。

女装的单位变动成本为 500 元，固定成本总额为 2 100 000 元。公司王经理想了解这批女装的销量达到多少时才能不赔钱，从而评估此项目的可行性，请你帮助王经理完成计算分析工作。

笔记

 任务实施

步骤一　分析保本保利点

 知识准备

本量利分析

本量利分析是成本—产量—利润分析的简称，它是以变动成本法所揭示的成本、业务量和利润三者之间的内在联系为依据，应用一定的方法来确定保本业务量，分析相关因素变动对盈亏的影响，并以此为前提进行目标利润规划的一种管理会计分析方法。

（1）假设基础

本量利分析所建立和使用的有关数学模型和图形，是建立在一定假设基础之上的，这些假定限定了本量利分析的应用范围。

① 成本性态分析假设。

全部成本均已按其性态划分为变动成本和固定成本两大部分。

② 相关范围及线性关系假设。

在相关范围内，固定成本总额、单位变动成本呈现出不变性，成本函数表现为线性方程。

③ 目标利润为息税前利润假设。

目标利润是企业支付利息、缴纳所得税之前的利润。

④ 产销平衡与品种结构稳定假设。

企业生产出来的产品可以销售出去，即生产量等于销售量；各种产品的产销额在全部产品产销总额中所占的比重并不发生变化。

（2）相关指标

① 边际贡献。

边际贡献又称贡献边际、贡献毛益、边际利润，是指产品的销售收入减去相应变动成本后的余额。边际贡献的绝对数有两种表现形式：一种是单位概念，称为单位边际贡献（cm），它是指产品的单价（p）减去单位变动成本（b）后的余额。用公式表示如下：

$$单位边际贡献(cm) = 单价 - 单位变动成本 = p - b$$

边际贡献的另一种表现形式是总额概念，称为边际贡献总额（Tcm），用公式表示如下：

扫描二维码
了解渣打银行的本量利分析

扫描二维码
了解本量利分析的假设

边际贡献总额（Tcm）=销售收入-变动成本=（单价-单位变动成本）×销量=单位边际贡献×销量=（$p-b$）×x=$cm×x$

息税前利润（$EBIT$）=边际贡献-固定成本（a）=$Tcm-a$

② 边际贡献率。

边际贡献率（cmR）是指<u>边际贡献总额</u>与<u>销售收入</u>的百分比，或单位边际贡献与单价的百分比。

$$边际贡献率(cmR)=\frac{边际贡献总额}{销售收入}\times100\%$$

$$=\frac{单位边际贡献}{单价}\times100\%=\frac{cm}{p}\times100\%$$

③ 变动成本率。

变动成本率（bR）是指产品的<u>变动成本总额</u>与产品的<u>销售收入总额</u>之间的比率，又等于单位变动成本占销售单价的百分比，它表明每增加一元销售所增加的变动成本。其计算公式为：

$$变动成本率(bR)=\frac{变动成本总额}{销售收入总额}\times100\%$$

$$=\frac{单位变动成本}{销售单价}\times100\%=\frac{b}{p}\times100\%$$

扫描二维码

观看视频：
本量利分析的基本模型

笔记

 做一做

威盛公司生产甲、乙、丙三种产品，相关资料如表2-12所示，请完善表2-12中的内容。

表2-12 威盛公司产品相关资料

产品	单价/（元·件$^{-1}$）	单位变动成本/（元·件$^{-1}$）	单位贡献毛益/（元·件$^{-1}$）	销售量/件	固定成本/元	息税前利润/元
甲	20	8		3 500	50 000	
乙		7	10	2 000		-4 000
丙	60		5		30 000	20 000

教你一招

边际贡献率与变动成本率的关系

由于边际贡献率与变动成本率均表明边际贡献或变动成本占销售收入的百分比，因此将这两项指标联系起来考虑，可以得到以下关系式：

边际贡献率=单位边际贡献/销售单价

=(销售单价−单位变动成本)/销售单价=1−变动成本率

即：

$$cmR + bR = 1$$

显然，边际贡献率与变动成本率具有互补关系。变动成本率低的企业，则边际贡献率高，盈利能力强；反之，变动成本率高的企业，则边际贡献率低，盈利能力弱。

1. 保本分析

所谓保本，就是指企业在一定时期的收支相等即盈亏平衡、不盈不亏、利润为零。当企业处于这种特殊状况时，称企业达到保本状态。保本分析就是研究企业恰好处于保本状态时本量利关系的一种定量分析方法，又称盈亏临界分析。

观看视频：
保本分析的
含义及模型

保本分析的关键是保本点的确定。保本点，也称为盈亏临界点、盈亏平衡点，是指让企业达到保本状态的业务量。在该业务量水平上，有关产品的销售收入总额正好等于销售成本总额，即企业收入与变动成本之差（边际贡献总额）刚好与固定成本持平。保本点是衡量企业生产经营活动状态的一项重要指标，进行保本点分析，可以为企业管理当局提供未来期间为防止亏损发生应完成的极限业务量信息，同时也可以为审视企业未来经营的安全程度和目标利润分析创造条件。

（1）单一品种保本点的计算

单一品种保本点有两种表现形式：一种是以实物量表示的，称为保本销售量（即保本量）；另一种是以货币单位表示的，称为保本销售额（即保本额）。它们都是标志企业达到收支平衡实现保本的销售业务量指标，统称为保本点业务量。因此，保本点的确定就是计算保本量或保本额。

观看视频：
保本点的计算

从保本点的含义出发，在基本关系式中：

利润=单位售价×销售量−单位变动成本×销售量−固定成本

当利润为零时，求出的销售量即保本销售量：

保本销售量=固定成本/(单价−单位变动成本)

=固定成本/单位边际贡献=$a/(p-b)=a/cm$

若用销售额来表示，则保本销售额计算公式为：

保本销售额=保本销售量×单位售价=固定成本/边际贡献率=a/cmR

（2）多品种保本点的计算

企业在生产多种产品的条件下，由于各种产品在性能上可能存在着较大差异，因而从会计的角度而言，各种产品在实物数量上的简单相加并无实际意义。因此，在计算多品种保本点时，不适宜采用实物量来表示，而应该选用能反映各种产品销售量的货币指标，即计算它们的保本销售额。多品种保本点的计算通常有综合（加权平均）边际贡献率法、联合单位法、分别计算法和综合保本图法等。这里只介绍综合（加权平均）边际贡献率法。

综合（加权平均）边际贡献率是指以各品种产品的边际贡献率为基础，用各产品的预计销售比重（即产品销售结构）作为权数进行加权计算的、反映多产品综合创利能力的平均边际贡献率。这种方法不要求分配固定成本，而是将各种产品所创造的边际贡献视为补偿企业全部固定成本的利润来源。

其计算公式如下：

综合保本销售额＝固定成本总额/综合边际贡献率

其中：

综合（加权平均）边际贡献率＝各种产品边际贡献合计/各种产品销售收入合计

＝Σ[各种产品的边际贡献率×(各种产品的销售额/全部产品预计销售收入合计)]

＝Σ(各种产品的边际贡献率×该产品的销售比重)

各种产品的保本销售额＝综合保本销售额×各种产品的销售比重

做一做

威盛公司生产甲、乙、丙三种产品，全年预计固定成本为 21 万元，预计销售量分别是 8 000 件、5 000 件、3 000 件，预计销售单价分别是 40 元、80 元、100 元，单位变动成本分别是 20 元、50 元、80 元。

通过表 2-13 完成多品种保本点的计算。

表 2-13　多品种保本点的计算

产品	甲产品	乙产品	丙产品	合计
销售额/元				
销售额比重				
边际贡献率				
保本额/元				
保本量/件				

2. 保利分析

保利分析是在保本分析的基础上,研究当企业实现目标利润时本量利关系的具体状况。通过保利分析,可以首先确定为实现目标利润而应达到的目标销售量和目标销售额,即保利点,从而以销定产,确定目标生产量、目标生产成本以及目标资金需要量等,为企业实施目标控制奠定基础,为企业短期经营确定方向。

保利点是指在单价和成本水平确定的情况下,为确保预先设定的目标利润能够实现而应达到的业务量,包括保利销售量(即保利量)和保利销售额(即保利额)两项指标。

(1)单一品种保利点的计算

① 不考虑所得税时保利点的确定。

利润=销量×单价−(销量×单位变动成本+固定成本)

保利销售量=(目标利润+固定成本总额)/(销售单价−单位变动成本)
=(目标利润+固定成本总额)/单位边际贡献

保利销售额=保利销售量×销售单价=(目标利润+固定成本总额)/边际贡献率

② 考虑所得税时保利点的确定。

目标税后利润=目标利润×(1−所得税税率)

保利销售量=[固定成本总额+目标税后利润/(1−所得税税率)]/(销售单价−单位变动成本)

保利销售额=[固定成本总额+目标税后利润/(1−所得税税率)]/边际贡献率

观看视频:
保利分析

  做一做

威盛公司生产 H 产品,该产品的市场售价预计为 100 元,单位变动成本是 50 元,固定成本是 32 000 元。假定 H 产品的目标利润是税后 12 000 元。
请计算 H 产品的保利额(量)。

_____
_____
_____
_____

(2)多品种保利点的计算

综合(加权平均)边际贡献率法的有关公式如下:

综合保利销售额=(固定成本+目标利润)/综合边际贡献率

各产品的保利销售额=综合保利销售额×该产品的销售比重

3. 敏感性分析

敏感性分析是指研究当制约利润的有关因素发生某种变化时利润变化程

度的一种分析方法。在现实经济环境中，影响利润的因素是经常发生变动的，有些因素增长会导致利润增长（如单价），而另一些因素降低才会使利润增长（如单位变动成本）；有些因素略有变化就会使利润发生很大的变化，而有些因素虽然变化幅度很大，却只对利润产生微小的影响。那些对利润影响大的因素称为敏感因素，反之，称为非敏感因素。对于一个管理者来说，不仅需要了解哪些因素对利润增加有影响，而且要知道影响利润的因素中，哪些是敏感因素、哪些是非敏感因素，以便分清主次，抓住重点，确保目标利润的实现。

（1）单因素敏感性分析

单因素敏感性分析是指针对单个不确定因素的变动对利润的影响所做的分析。

威盛公司 2022 年预计生产并销售甲产品 2 000 台，销售单价为 14 元，单位变动成本 10 元，固定成本总额 4 000 元。假定单价和单位变动成本分别上升了 5%，销量和固定成本分别下降了 3%，求各因素变动对利润的影响。

各因素变动前的利润 = (14 − 10) × 2 000 − 4 000 = 4 000（元）

① 单价上升 5%时：

变动后的利润 = 14 × (1 + 5%) × 2 000 − 10 × 2 000 − 4 000 = 5 400（元）

单价上升对利润的影响程度 = (5 400 − 4 000)/4 000 = 35%

② 单位变动成本上升 5%时：

变动后的利润 = 14 × 2 000 − 10 × (1 + 5%) × 2 000 − 4 000 = 3 000（元）

单位变动成本上升对利润的影响程度 = (3 000 − 4 000)/4 000 = −25%

③ 销量下降 3%时：

变动后的利润 = 14 × 2 000 × (1 − 3%) − 10 × 2 000 × (1 − 3%) − 4 000 = 3 760（元）

销量下降对利润的影响程度 = (3 760 − 4 000)/4 000 = −6%

④ 固定成本下降 3%时：

变动后的利润 = 14 × 2 000 − 10 × 2 000 − 4 000 × (1 − 3%) = 4 120（元）

固定成本下降对利润的影响程度 = (4 120 − 4 000)/4 000 = 3%

由此可见，当单价上升 5%时，利润将增加 35%；当单位变动成本上升 5%时，利润将下降 25%；当销量下降 3%时，利润将下降 6%；当固定成本下降 3%时，利润将增加 3%。

（2）多因素敏感性分析

在进行单因素敏感性分析的过程中，当计算某个特定因素的变动对利润的影响时，是假定其他因素均不变的。实际上，许多因素的变动具有相关性，一个因素的变动往往也伴随着其他因素的变动。因此，需要考虑多个因素同时变动对利润产生的影响。

？想一想

以上四个因素同时发生变动，会对利润产生什么样的影响？

_____
_____
_____
_____

步骤二　评价企业经营安全程度

1. 安全边际与安全边际率

（1）安全边际

安全边际是指企业实际或预计的销售量（销售额）与保本销售量（销售额）之间的差量（差额），又称安全边际量（安全边际额）。

　　安全边际量＝实际(预计)销售量－保本销售量
　　安全边际额＝实际（预计）销售额－保本销售额
　　　　　　　＝安全边际量×销售单价

安全边际可以反映企业经营的安全程度。企业的销售量超过盈亏平衡点越多，安全边际就越大，说明企业发生亏损的可能性就越小，企业的经营也就越安全。反之，企业经营的安全性就越差。同时，只有安全边际内的销售量（销售额）才能给企业提供利润，因为全部固定成本已被保本点所弥补，所以安全边际内的销售额减去其自身的变动成本后即为企业的利润，即安全边际内的边际贡献就是企业的盈利额。

　　销售利润＝安全边际量×单位边际贡献＝安全边际额×边际贡献率

因此，安全边际越大，所获利润就越高，企业经营就越安全。

（2）安全边际率

安全边际率是指安全边际量（边际额）与实际或预计销售量（销售额）的比率。安全边际率代表了企业在亏损发生之前，销售量可以下降的最大幅度。安全边际率越高，企业发生亏损的可能性就越小，企业经营的安全程度就越高。反之，企业经营的安全程度就越低。

安全边际率可按下述公式计算：

　　安全边际率＝安全边际量/实际或预计销售量
　　　　　　　＝安全边际额/实际或预计销售额

根据安全边际与销售利润之间的关系又可以推导出以下公式

　　销售利润率＝安全边际率×边际贡献率

安全边际率与评价企业经营安全程度的一般标准如表 2-14 所示。

扫描二维码

观看视频：
安全边际与
安全边际率

表 2-14　安全边际率与评价企业经营安全程度的一般标准

安全边际率	10%以下	10%~20%	20%~30%	30%~40%	40%以上
安全程度	危险	警惕	比较安全	安全	很安全

做一做

威盛公司生产 D 产品，该产品的市场售价预计为 100 元，单位变动成本为 50 元，固定成本为 32 000 元，预计计划期间产销量为 800 件。

试计算安全边际率。

2. 保本点作业率

保本点作业率又称危险率，是指保本销售量（销售额）占实际或预计销售量（销售额）的百分比。该指标是个反指标，该指标越小，说明企业经营越安全。其计算公式为：

保本点作业率＝保本销售量/实际或预计销售量×100%
　　　　　＝保本销售额/实际或预计销售额×100%

扫描二维码

观看视频：
保本点作业率

做一做

威盛公司生产 D 产品，该产品的市场售价预计为 100 元，单位变动成本为 50 元，固定成本为 32 000 元，预计计划期间产销量为 800 件。

试计算保本点作业率。

教你一招

保本点作业率与安全边际率的关系如下：
保本点作业率＋安全边际率＝保本销售量(销售额)/实际或预计销售量（销售额）
　　　　　＋安全边际量（安全边际额）/
　　　　　实际或预计销售量(销售额)＝1

威盛公司二分厂只生产甲产品,单价为 200 元/台,单位变动成本为 120 元/台,固定成本为 20 万元。2022 年的生产量为 20 000 台。
(1) 计算单位边际贡献、边际贡献和边际贡献率;
(2) 计算变动成本率,并验证边际贡献率与变动成本率的关系;
(3) 计算保本量和保本额;
(4) 计算安全边际量、安全边际额、安全边际率;
(5) 计算保本点作业率,并验证安全边际率与保本点作业率的关系。

任务 3　开展预测分析

 任务描述

威盛公司 2021 年厂房设备的利用率已达饱和状态,全年的销售收入为 1 000 万元,获得税后净利 50 万元,发放了股利 30 万元。2021 年 12 月 31 日简略资产负债表如表 2-15 所示。

表 2-15　威盛公司简略资产负债表
2021 年 12 月 31 日　　　　　　　　　　　　　　　　万元

资产	金额	权益	金额
现金	5	应付账款	40
应收账款	90	应交税费	25
存货	100	长期负债	215
厂房设备(净值)	250	普通股股本	200
无形资产	55	留存收益	20
资产合计	500	权益合计	500

威盛公司 2022 年预测销售收入将达到 1 200 万元,并仍按基期股利发放率支付股利;2022 年计提折旧 10 万元,其中 60%将用于对现有设备进行改造;2022 年预计零星资金的需要量为 50 万元。
请预测威盛公司 2022 年需要追加的资金量。

**任务实施**

步骤一 预测销售量

1. 定性分析法

常用的定性分析法有市场调查法和专业人员分析判断法。

（1）市场调查法

市场调查法是指在市场调查的基础上，根据产品销售的具体特点和调查所得的资料进行销售预测的方法。其调查的内容主要有以下几个方面：

① 对产品所处周期阶段的调查。

任何产品都有市场生命周期，通常可以分为试销期、成长期、饱和期、衰退期四个阶段。即使是同一种产品，由于受到科学技术水平、社会经济发展水平以及消费环境变化的影响，其在不同社会时期的生命周期也不相同。通过调查，了解产品在当前市场的生命周期长度以及所处的生命周期阶段，可以把握产品的市场销售前景。在产品生命周期预测中，要先了解预测时产品处于哪个发展时期，这一时期能延续多久，然后预测出今后若干年内产品销售的情况。

② 对消费者情况的调查。

企业产品的销售情况在很大程度上取决于消费者的购买力、消费心理、消费偏好、消费习惯等状况，通过调查了解消费者的偏好和对产品的购买意图等资料，对于预测企业的销售状况会有很大的帮助。

③ 对市场竞争情况的调查。

市场经济离不开竞争，要能在市场经济中求得生存和发展，既要清楚本企业产品的竞争能力，又要了解竞争对手的情况，正确估计本企业产品在市场上的地位。

（2）专业人员分析判断法

专业人员分析判断法是指通过一些具有丰富经验的经营管理人员或知识渊博的经济专家，对企业一定时期内特定产品的销售量情况作出判断和预计的一种方法。这种方法在实际运行中主要有以下三种形式：

① 推销员判断法。

推销员判断法是指由企业的推销人员根据他们的调查，将对特定预测对象的销售预测值填入卡片或表格，然后由销售部门经理对此进行综合分析以完成预测销售任务的一种方法。

② 综合判断法。

综合判断法是指由企业召集有关经营管理人员，特别是那些最熟悉销售业务的销售主管人员，以及各地的经销商负责人集中开会，由他们在会上根据多年的实践经验和判断能力对特定产品的未来销售量进行判断和预测的一种方法。

扫描二维码

观看视频：
华为的企业文化

扫描二维码

观看视频：
销售预测的方法

扫描二维码

了解专家判断法

③ 专家判断法。

专家判断法是指由专家根据他们的经验和判断能力对特定产品的未来销售量进行判断和预测的一种方法。主要有两种形式：

一是专家座谈法，就是通过召开专家座谈会的形式，由专家发表预测意见，运用专家的集体智慧进行判断预测的一种方法。

二是德尔菲法，这种方法是美国兰德公司在 20 世纪 40 年代末期制定的，是后来较为盛行的一种预测方法。它用系统的程序，从草拟调查提纲、提供背景资料、轮番征询不同专家的意见直到汇总调查的结果，有时往往需要反复四五次，才能取得基本一致的意见。

扫描二维码

了解专家判断法

2. 定量分析法

（1）简单算术平均法

简单算术平均法是指以过去若干期的销售量或销售额的算术平均数，作为计划期的销售预测值的一种预测方法。其计算公式为：

预期销售量 = 各期销售量之和/期数

$$x_{i+1} = \sum_{i=1}^{n} x_i \div n$$

（2）加权算术平均法

加权算术平均法是指在掌握全年 n 期资料的基础上，按照"近大远小"的原则确定各期权数，并据以计算加权平均销售量的方法。其计算公式为：

预期销售量 x_{i+1} = ∑(某期销售量×该期权数)÷各期权数之和

（3）简单移动平均法

简单移动平均法是指从 n 期的时间数列中选取一组 m 期（$m<n$）的数据进行观察，计算其算术平均数，并不断向后移动，连续计算平均数，以最后一组平均数作为未来销售预测值的一种方法。其计算公式为：

预期销售量 x_{i+1} = 最后 m 期算术平均销售量

（4）移动加权平均法

移动加权平均法是指将简单移动平均法选定的最后 m 期中各期的实际销售量，按其距计划期的远近分别进行加权，然后计算加权平均数，并把它作为计划期的销售预测数的一种预测方法。其计算公式为：

预期销售量 x_{i+1} = 最后 m 期加权平均销售量

 做一做

威盛公司 2022 年上半年 C 产品的销售情况如表 2-16 所示。

表 2-16 威盛公司 2022 年上半年 C 产品的销售情况

月份	1	2	3	4	5	6
销量/件	300	250	350	400	450	400

请分别用简单算术平均法、加权算术平均法(权数由远到近分别为1、2、3、4、5、6)、简单移动平均法(移动期数为4个月)、移动加权平均法(移动期数为4个月,权数由远到近分别为1、2、3、4)预测2022年7月份的销售量。

_____
_____
_____
_____

(5)指数平滑法

指数平滑法又称平滑指数法,是一种特殊的加权平均法。它是在前期销售量(销售额)实际数和预测数的基础上,利用事先确定的平滑指数预测未来销售量(销售额)的一种方法。其计算公式为:

$$F_t = aA_{t-1} + (1-a)F_{t-1}$$

其中:

A——实际值;

F——预测值;

a——平滑指数($0 \leq a \leq 1$,一般介于0.3~0.7);

t——第 t 期。

教你一招

> a 表示前期实际值对本期预测值影响的权重,$(1-a)$ 表示前期预测值对本期预测值影响的权重。

注意

> 定性分析法与定量分析法在实际应用中并非相互排斥,而是相互补充、相辅相成的。定量分析法虽然较精确,但许多非计量因素无法考虑。在实际工作中,常常将二者结合应用,相互取长补短,以提高预测分析的准确性和预测结论的可信性。

步骤二 预测利润

1. 本量利分析法

本量利分析法是指在成本性态分析和保本分析的基础上,根据有关产品成本、价格、业务量等因素与利润的关系确定计划期间目标利润的一种方法。其计算公式为:

扫描二维码

观看视频:
利润预测之本量利分析法

目标利润＝目标销售额－目标销售量×单位变动成本－固定成本总额
　　　　＝(目标销售单价－预计单位变动成本)×目标销售量－
　　　　　固定成本总额

注意

多品种目标利润的计算

多品种条件下目标利润的计算，通常先确定综合边际贡献率，即在掌握每种产品本身边际贡献率的基础上，按各种产品销售额的比重进行加权平均，据以计算综合边际贡献率，然后结合预计销售额计算确定目标利润。其计算公式为：

目标利润＝∑（预计销售单价×预计销售量）×综合边际贡献率－
　　　　　固定成本

2. 销售利润率法

销售利润率法是指根据企业的销售利润率水平，结合预测期产品预计销售收入来确定目标利润的一种方法。此法应用的前提是假定基期的销售利润率在计划期保持不变。其计算公式为：

目标利润＝预测期产品预计销售收入×销售利润率

其中：

销售利润率＝(基期净利润/基期销售收入)×100%

做一做

威盛公司2021年销售收入为3 800万元，净利494万元。2022年预计销售收入4 250万元，请采用销售利润率法预测威盛公司2022年的利润。

_____
_____
_____

3. 资金利润率法

资金利润率法是指企业利用预计资金利润率，结合基期实际资金占用状况与未来计划投资额确定目标利润。资金利润率是指企业利润总额与企业全部资金平均占用额的比率，此法应用的前提是假定基期资金利润率在计划期保持不变。其计算公式如下：

目标利润＝(基期实际资金占用额＋计划投资额)×
　　　　　预计资金利润率

观看视频：利润预测之销售利润率法

4. 销售成本利润率法

销售成本利润率法是指根据企业的销售成本利润率水平，结合预测期产品预计销售成本确定目标利润的一种方法。其计算公式如下：

目标利润＝预测期产品预计销售成本×销售成本利润率

知识延伸

影响利润的因素主要有四个：单价、单位变动成本、销售量和固定成本，其中任何一个因素的变动都会引起企业利润的变动，甚至会使企业由盈变亏，也会使企业扭亏为盈。利润的相关因素影响如表2-17所示。

表2-17　利润的相关因素影响

影响因素	保本点	利润
单价	反向	同向
单位变动成本	同向	反向
固定成本	同向	反向
品种构成	反向	同向
销售量	不影响	同向

步骤三　预测成本

1. 目标成本预测法

目标成本是指为实现目标利润所应达到的成本水平或应控制的成本限额。目标成本预测法是指在销售预测和利润预测的基础上，结合本量利分析预测目标成本的一种方法。目标成本预测法的目的是在产品生命周期的研发及设计阶段设计好产品的成本，以便在制造过程中有效控制劳动消耗，降低产品成本，实现企业的目标利润。制定目标成本一般是在综合考察未来一定时期内有关产品的品种、数量、价格和目标利润等因素的基础上进行的。计算方法一般有以下几种：

（1）根据目标利润制定目标成本

目标成本＝预计销售收入－目标利润

（2）根据目标资金利润率制定目标成本

目标成本＝预计销售收入－资金利润率×平均资金占用额

扫描二维码

观看视频：
成本预测之目标
成本预测法

做一做

威盛公司 2021 年度平均资金占用额为 2 400 万元，由于下一年度扩大生产经营规模，预计追加投资 1 600 万元，预计资金利润率为 20%，下一年度预计销售额 2 000 万元。

请预测威盛公司 2022 年度的目标成本。

_____

_____

_____

（3）根据销售利润率制定目标成本

目标成本 = 预计销售收入 × (1 − 销售利润率)

（4）以过去先进的成本水平作为目标成本

该方法以本企业历史上最好的成本水平或国内外同行业同类产品的先进成本水平作为目标成本。但这种方法未将企业的目标成本同目标利润联系起来，因此与企业的实际情况存在一定的差距。

2. 历史资料分析预测法

历史资料分析预测法是指对企业现存产品或与现存产品相似的产品进行成本预测时，可以根据企业成本的历史资料和相关数据，采用一定的方法加以处理，建立相应的数学模型，据以对企业的产品成本进行预测。常用的方法主要有高低点法、回归分析法和加权平均法。

（1）高低点法

高低点法是指将成本费用发展趋势用 $y = a + bx$ 表示，将某一时期最高业务量和最低业务量相对应的成本进行对比，确定成本预测模型，据以预计计划期成本的一种方法。

 做一做

威盛公司 2017—2021 年乙产品的销售管理费用情况如表 2−18 所示。

表 2−18　威盛公司 2017—2021 年乙产品的销售管理费用情况

年度	2017	2018	2019	2020	2021
销售量/万件	34	36	40	42	46
销售管理费用/万元	18	20	26	28	30

根据预测，2022 年威盛公司乙产品的预计销售量为 50 万件，试采用高低点法预测 2022 年威盛公司的销售管理费用总额。

扫描二维码

观看视频：
成本预测之历史
资料分析预测法

(2) 回归分析法

回归分析法是指依据应用数学上的最小二乘法原理，根据若干期的业务量、成本及相互间的回归关系，确定成本预测回归方程，寻求其变化规律的一种方法。

做一做

威盛公司 2017—2021 年销售管理费用资料如表 2-18 所示。

根据预测，2022 年威盛公司该产品的预计销售量为 50 万件，试采用回归分析法预测 2022 年威盛公司的销售管理费用总额。

(3) 加权平均法

加权平均法是指以过去若干期间的固定成本总额和单位变动成本的历史资料，按其距离计划期的远近分别进行加权的预测产品总成本和单位成本的方法。

做一做

威盛公司近三年生产乙产品的成本资料如表 2-19 所示。

表 2-19　乙产品的成本资料　　　　　　　　　　　元

年份	固定成本总额	单位变动成本
2019	180 000	220
2020	200 000	210
2021	220 000	200

要求预测威盛公司 2022 年生产 2 000 件乙产品的固定成本总额及单位变动成本（假设各年的加权数分别为 0.2、0.3、0.5）。

步骤四　预测资金需要量

1. 销售百分比法

销售百分比法是指利用资产负债表和利润表的各个项目与销售收入之间的依存关系，按照计划期销售增长的情况来预测企业是否需要追加资金，以及需要追加多少资金的方法。预测的步骤如下：

（1）确定随销售收入变动而变动的资产和负债项目

① 资产类项目。

资产项目中货币资金、应收票据、应收账款和存货等经营性资产项目，一般都会因销售收入的增长而相应增加。固定资产项目需要根据基期固定资产是否已被充分利用来决定，如未被充分利用，则通过进一步挖掘其利用潜力，可产销更多产品；如果基期固定资产的利用已达到饱和，则需要增加设备实现预期产销量，从而引起资金需要量的增加。而长期投资、无形资产等项目一般不随销售收入的变动而变动。

② 负债及权益类项目。

应付票据、应付账款、应交税费等经营性负债项目与销售收入的变化成正比，百分比关系稳定。计件工资制下的应付职工薪酬项目也随销售收入的增长而相应增加，长期负债和所有者权益类项目，一般不随销售收入的变动而变动。短期借款、长期借款等项目属于筹资性负债，不在此范围内。

（2）确定基期的销售百分比

以基期的资产负债表为依据，分别计算基期的资产、负债和所有者权益等项目的金额与基期销售收入的销售百分比。

（3）确定销量变化需要增加的资金需求量

资产方资金占用百分比与权益方资金来源百分比的差额即需要增加的资金百分比，结合其销售收入和预测期销售收入来计算预测期需要增加的资金量。

（4）计算留存收益的增加额、计划期提取未使用的折旧以及零星资金需要量

根据预测期销售收入额、净利率和留存收益率或股利支付率计算预测期留存收益的增加额；通过计划期应提取的折旧额减去计划期用于更新改造的数额得出提取未使用的折旧额，预测出计划期零星资金需求量。

（5）计算外部融资需求量

根据以下公式计算外部融资需求量：

$$\Delta F = \left(\frac{A}{S_0} - \frac{B}{S_0} \right)(S_1 - S_0) - D - S_1 R(1-f) + M_1$$

其中，A 为随销售收入的变化而变化的敏感性资产；B 为随销售收入的变化而变化的敏感性负债；S_0 为基期销售收入；S_1 为预测期销售收入；D 为计划期提取的折旧未使用的余额；R 为销售净利率；f 为股利支付率；M_1 为零星资金需求。

❓ 想一想

企业的资金不足，会影响到企业正常的生产经营活动；而资金闲置过多，会对企业有什么样的影响呢？

👥 做一做

威盛公司 2021 年厂房设备的利用率已达饱和状态，全年的销售收入为 1 000 万元，获得税后净利 50 万元，发放股利 30 万元。2021 年 12 月 31 日简略资产负债表如表 2–20 所示。

表 2–20　威盛公司简略资产负债表

2021 年 12 月 31 日　　　　　　　　　　　　　　　万元

资产	金额	权益	金额
现金	5	应付账款	40
应收账款	90	应交税费	25
存货	100	长期负债	215
厂房设备（净值）	250	普通股股本	200
无形资产	55	留存收益	20
资产合计	500	权益合计	500

威盛公司 2022 年预测销售收入将达到 1 200 万元，并仍按基期股利发放率支付股利；2022 年计提折旧为 10 万元，其中 60% 将用于对现有设备的改造；2022 年预计零星资金的需要量为 50 万元。

请预测威盛公司 2022 年需要追加的资金量。

2. 回归分析法

回归分析法就是对过去若干期间的销售额及资金总量（即资金占用总额）的历史资料进行分析，确定反映销售收入总额（x）与资金总量（y）之间相互关系的回归直线 $y=a+bx$，并据以预测计划期的资金需求量，具体计算方法与销售、成本回归预测相同。

任务 4　组织短期经营决策分析

任务描述

威盛公司 D 产品的年生产能力是 20 000 件，目前产量是 15 000 件，单位成本 146 元，具体构成如表 2-21 所示，市场价格每件 280 元。销售经理刚收到一份订单，订货量 6 000 件，订货价格每件 140 元，他就这一意向请示了总经理。

表 2-21　威盛公司 D 产品的成本构成

项目	各项目在单位产品中的成本构成/（元·件$^{-1}$）
直接材料	17
直接人工	55
变动制造费用	9
固定制造费用	65
单位产品成本	146

总经理了解了产品的成本资料后，说："这价格太低了，比我们每件的成本 146 元还低，特别设计还要花费 20 000 元，订单量也超出了我们的生产能力，不能接受。"如果不接受这个订单，企业的生产能力也别无他用，请你根据以上情况对此订单的可行性进行分析，为总经理的决策提供依据。

任务实施

步骤一　组织生产决策

知识准备

短期经营决策的方法

（1）差量分析法

差量分析法是指根据两个备选方案的 *差量收入* 与 *差量成本* 的比较，求得 *差量损益* 来分析选择最优方案的方法。

扫描二维码
了解经营决策的相关成本

差量分析法的分析步骤如下：
① 计算差量收入。差量收入是指两个方案预期的相关收入之差。
② 计算差量成本。差量成本是指两个方案预期的相关成本之差。
③ 计算差量损益。差量损益是指差量收入减去差量成本后的差额。
在比较备选方案时，如果差量损益大于零，说明前一个备选方案要优于后一个备选方案；如果差量损益小于零，说明后一个备选方案要优于前一个备选方案。

（2）边际贡献分析法

边际贡献分析法，就是通过对比各备选方案所能提供的边际贡献总额大小来确定最优方案的决策方法。应用条件是，各备选方案的固定成本相同，无专属成本发生。如有专属成本发生，则应从计算出的边际贡献总额中扣除，方可进行比较。

边际贡献分析法的分析步骤如下：
① 判定各方案共同固定成本是否相同。
② 分别计算各方案的剩余边际贡献。

剩余边际贡献 = 边际贡献总额 - 专属成本

当专属成本不发生或相等时，剩余边际贡献就是边际贡献总额。
③ 选择边际贡献总额或剩余边际贡献最大者为优。

（3）成本无差别点法

成本无差别点，又称成本分界点或成本平衡点，是指能使两个备选方案总成本相等的业务量。

成本无差别点法的分析步骤如下：
① 对不同的备选方案计算确定成本无差别点。
② 对不同业务量范围的决策结论进行讨论。

扫描二维码
了解经营决策的无关成本

扫描二维码
观看视频：
决策分析的方法

扫描二维码
观看视频：
生产对象的决策分析

1. 利用剩余生产能力开发新产品的决策分析

新产品开发决策，是指企业在利用现有剩余的生产能力开发新产品的过程中，在两个或两个以上可供选择的新品种中选择一个最优品种的决策。

（1）不追加专属成本时的决策分析

在新产品开发的决策中，若企业利用现有生产能力生产多种产品，一般不需要增加固定成本，也不需考虑机会成本。在这种情况下，企业进行生产品种的决策分析，可以采用边际贡献分析法或者是差量分析法。

做一做

威盛公司现使用同一台设备可生产甲产品，也可以生产乙产品。该设备最大的生产能力为100 000小时，生产一件甲产品需要25小时，生产一件乙产品需要 20 小时。两种产品的售价、单位变动成本、固定成本总额资料如表 2-22 所示。

表 2-22 威盛公司产品的成本构成   元

项目	甲产品	乙产品
单价/（元·件$^{-1}$）	40	35
单位变动成本/（元·件$^{-1}$）	20	17
固定成本总额/元	32 000	

请采用差量分析法分析生产哪种产品比较有利？计算结果填入表 2-23 中。

表 2-23 差量分析表   元

项目	甲产品	乙产品	差量金额
单价/（元·件$^{-1}$）			
单位变动成本/（元·件$^{-1}$）			
最大产量/件			
差量收入/元			
差量成本/元			
差量损益/元			

（2）追加专属成本时的决策分析

当新产品开发的决策方案中需要追加专属成本时，可通过边际贡献扣除专属成本后的余额进行评价，或者用差量分析法进行评价。

做一做

威盛公司现有剩余生产能力 30 000 工时，可用于开发生产新产品。现有丙、丁两种产品可供选择。丙产品的预计单价 100 元/件，单位变动成本 80 元/件，单位产品定额工时为 5 工时/件。丁产品预计单价 50 元/件，单位变动成本 35 元/件，单位产品定额工时为 3 工时/件。

生产丙产品需追加专属成本价款 10 000 元，生产丁产品需追加专属成本价款 50 000 元，请用边际贡献法判断应开发何种产品？计算结果填入表 2-24 中。

表 2-24 边际贡献分析表

项目	丙产品	丁产品
最大产量/件		
销售单价/（元·件$^{-1}$）		

续表

项目	丙产品	丁产品
单位变动成本/(元·件$^{-1}$)		
单位边际贡献/(元·件$^{-1}$)		
边际贡献总额/元		
专属成本/元		
剩余边际贡献/元		

⚡ 注意

通过边际贡献法在研究利用剩余生产能力开发新产品的决策分析中，应以备选方案提供的贡献毛益总额的大小，或单位工时所创造的贡献毛益的大小作为选优标准，而不能以产品提供的单位贡献毛益的大小来判断方案的优劣。

2. 亏损产品停产或转产的决策分析

（1）生产能力无法转移时，亏损产品是否停产的决策分析

工业企业在日常经营过程中，往往会由于某些产品不能适销对路或质量较差、款式陈旧等原因，造成市场滞销，仓库积压，发生亏损，并且此时若不停产亏损产品，闲置下来的生产能力无法用于其他方面，这就面临着亏损产品是否要停产的决策问题。一般人们采用边际贡献分析法来进行决策，即只要<u>亏损产品</u>的<u>边际贡献大于零</u>，就不应该停产。因为继续生产该产品，可以提供正的边际贡献，以补偿固定成本（固定成本不会因停产而减少），因此，继续生产可以使企业减少损失。

👥 做一做

威盛公司产销甲、乙、丙三种产品，其中甲、乙两种产品盈利，丙产品亏损，三种产品的相关资料如表 2-25 所示。

表 2-25　威盛公司三种产品的相关资料　　　　　　　　　　元

产品		甲产品	乙产品	丙产品	合计
销售收入		8 000	7 000	4 500	19 500
生产成本	直接材料	1 400	800	900	3 100
	直接人工	800	700	800	2 300

扫描二维码

观看视频：
亏损产品停产或转产的决策分析

📓 笔记

续表

产品		甲产品	乙产品	丙产品	合计
生产成本	变动制造费用	600	600	700	1 900
	固定制造费用	1 600	1 000	1 100	3 700
非生产成本	变动推销管理费用	1 200	900	1 100	3 200
	固定推销管理费用	800	600	300	1 700
成本总额		6 400	4 600	4 900	15 900
利润		1 600	2 400	−400	3 600

企业经理看到表 2-25 后，要求财务部门综合分析甲、乙、丙三种产品的获利情况，并作出丙产品是否应该停产的决策分析。

（2）生产能力可以转移时，亏损产品是否停产的决策分析

如果亏损产品停产，闲置下来的生产能力可以转移，或转产其他产品，或将设备对外出租，就必须考虑亏损产品的 机会成本 因素，对可供备选的方案进行对比分析后再作出决策。

3. 零部件自制与外购的决策分析

（1）零部件全年需要量确定的决策分析

在零部件全年的需要量确定的情况下，一般有 自制 或 外购 两种方法，但由于自制或外购的预期收入总是相同的，故应用差量分析法时，只计算 差量成本，并从中选择成本较低的方案作为较优方案。

扫描二维码

观看动画：
零部件取得方式
的决策

👥 做一做

威盛公司每年需要丁零件 4 000 个，若向市场购买，进货价 27 元/个；该公司目前有剩余生产能力能够生产该零件，经估算，每个零件直接材料 15 元，直接人工 5 元，变动制造费用 3.5 元，每个零件负担固定制造费用 6 元。不生产该零件，生产设备也无他用。

请作出该零件是自制还是外购的决策分析。

教你一招

在零部件自制还是外购的决策分析中,要注意以下几点:
① 不论是自制还是外购,固定成本总是要发生的。因此,在一般情况下,特别是有剩余生产能力的情况下,自制方案不需要考虑固定成本。
② 如果自制需要增加专用设备,则其新增的专属成本属于相关成本。
③ 在分析时还应注意是否有机会成本存在,如果有机会成本,则应作为相关成本处理。

（2）零部件全年需要量不确定的决策分析

在零部件全年需要量不确定的情况下,当各备选方案的收入与决策不相关,相关业务量单位相同却未知,且各方案相关成本中固定成本与单位变动成本此高彼低时,可采用成本无差别点法。

 **做一做**

威盛公司生产时需要 C 零件,以前一直是外购,单价 18 元。目前工厂有剩余生产能力能够生产 C 零件,但每年需要增加专属成本 4 000 元,自制的单位变动成本是 10 元。

请作出该零件是自制还是外购的决策分析。

4. 产品加工程度的决策分析

有些企业生产的尚未完工的半成品,常常既可以直接出售,又可以进一步加工后再出售。有些企业经常会在同一生产过程中同时生产出若干种经济价值较大的联产品,有些联产品在分离后既可立即出售,也可经进一步加工后再出售。因此,这类企业就会面临对上述产品究竟是直接出售还是进一步加工后再出售的决策问题。

在这类决策中,进一步加工前的半成品、联产品所发生的成本,无论是变动成本还是固定成本,都属于与决策无关的沉没成本,相关成本只包括与进一步加工有关的成本,而相关收入则包括直接出售和加工后出售的有关收入。对这类决策问题,采用差量分析法比较简便。

扫描二维码

观看视频:
产品加工程度的决策分析

扫描二维码

观看动画：
覆水难收的故事

做一做

威盛公司每年生产甲半成品 10 000 件，销售单价 60 元，单位变动成本 30 元，全年固定成本总额 20 万元。若把甲半成品进一步加工为乙产品，则每件需增加变动成本 20 元，乙产品的售价 90 元。假设企业具备进一步加工的能力，该生产能力无法转移，但进一步加工需要追加 60 000 元的专属成本。差量损益计算表如表 2-26 所示。

请作出该半成品是直接出售还是继续加工的决策。

表 2-26 差量损益计算表   元

项目	进一步加工	直接出售	差量
相关收入			
变动成本			
专属成本			
差量损益			

笔记

5. 不同生产工艺技术的决策分析

企业对同一种产品或零件采用不同的工艺方案进行加工，其成本往往相差悬殊。采用先进的工艺方案，产量、质量肯定会大大提高，但需要使用高精度的专用设备，其单位变动成本可能会较低，而固定成本则较高。采用较为落后的工艺方案，往往只需使用普通的设备，其单位变动成本可能较高，而固定成本则较低。在进行决策分析时，要以生产产品的数量是否确定为依据，如果生产产品的数量是确定的，可采用差量分析法；如果生产产品的数量是不确定的，则应采用成本无差别点法。

做一做

威盛公司生产某种型号的齿轮，可使用普通铣，也可以使用数控铣。普通铣每个齿轮加工费（变动成本）为 1.75 元，一次调整准备成本（固定成本）为 25 元；数控铣每个齿轮加工费 1 元，一次调整准备成本 100 元。

请作出使用何种类型的铣床进行加工的决策。

6. 特殊价格追加订货的决策分析

特殊价格是指低于正常价格甚至低于单位产品成本的价格。企业常常会遇到一些特殊订单，如低于正常价格的订货请求、重要关系客户的特殊要求等都是特殊订单的例子。在企业尚有一定的剩余生产能力可以利用的情况下，如果其他企业要求以较低的价格追加订货，企业是否考虑接受这种追加订货，这应视情况而定。

（1）追加订货量小于或等于剩余生产能力的决策分析

当企业利用剩余生产能力完成追加订货的生产，不妨碍正常订货的完成，而且在接受追加订货不追加专属成本，剩余生产能力又无法转移时，只要特殊订货的单价大于该产品的单位变动成本，就可以接受追加订货。

扫描二维码

观看视频：
特殊订单追加订货的决策分析

做一做

威盛公司甲产品的生产能力为 20 000 件，销售单价 30 元，目前正常订货量为 16 000 件，剩余生产能力无法转移。目前甲产品的单位成本为 24 元，其中直接材料 10 元，直接人工 5 元，变动制造费用 3 元，分摊的固定制造费用 6 元。

现有一客户只愿意支付 22 元预订 2 000 件产品，应不应该接受此订单？

（2）追加订货量大于剩余生产能力的决策分析

当追加订货量大于剩余生产能力时，此时接受追加订货必然会妨碍正常订货的完成，在决策分析时，应将追加订货而减少的正常收入作为追加订货的机会成本。当企业剩余生产能力能够转移时，转产所能产生的收益也应作为追加订货方案的机会成本。若追加订货需要增加专门的固定成本，则应将其作为追加订货方案的专属成本。

做一做

威盛公司 D 产品的年生产能力为 20 000 件。目前产量是 15 000 件，单位成本 146 元，具体构成如表 2–27 所示，市场价格每件 280 元。销售经理刚收到一份订单，订货量 6 000 件，订货价格每件 140 元，他就这一意向请示了总经理。

笔记

表 2-27 威盛公司 D 产品的成本构成

项目	单位成本/（元·件$^{-1}$）
直接材料	17
直接人工	55
变动制造费用	9
固定制造费用	65
单位产品成本	146

总经理了解了产品的成本资料后，说："这价格太低了，比我们每件的成本 146 元还低，特别设计还要花费 20 000 元，订单量也超出了我们的生产能力，不能接受。"

如果不接受这个订单，企业的生产能力也别无他用，请你根据以上情况对此订单的可行性进行分析，为总经理的决策提供依据。特殊订单差额损益计算表如表 2-28 所示。

表 2-28 特殊订单差额损益计算表　　　　　　　　　　元

项目	接受订货	不接受订货	差额量
相关收入			
变动生产成本			
专属成本			
机会成本			
相关成本合计			
差额损益			

步骤二　组织定价决策

1. 以成本为基础定价

（1）完全成本加成定价法

完全成本加成定价法是指在产品预计单位<u>完全成本</u>的基础上加上<u>一定比率</u>的<u>利润</u>，来制定产品价格的一种方法。其计算公式如下：

产品销售单价＝产品预计单位完全成本×（1＋利润加成率）

计算过程如下：

① 估计单位产品的变动成本和固定费用总额；

② 按照预期产量把固定费用分摊到单位产品；

③ 用单位固定费用加上单位变动成本，求出单位完全成本；

④ 用单位完全成本加上按利润加成率计算的利润额，即可得出产品销售单价。

 做一做

威盛公司计划销售甲产品 10 000 件，该产品预计的单位变动成本为：直接材料费 3 元，直接人工费 4 元，变动制造费用 7 元，固定制造费用总额 20 000 元，销售及管理费用总额 10 000 元；该产品的目标利润 6 000 元。

试用完全成本加成定价法确定产品的价格。

_____

_____

_____

（2）变动成本加成定价法

变动成本加成定价法又称目标边际贡献定价法，它是以产品预计 单位变动成本 加上一定 加成率 的 利润，来制定产品单价的一种方法。这里的加成率一般为边际贡献与变动成本的比率。

产品销售单价＝产品预计单位变动成本 ×（1＋利润加成率）

 注意

> 与完全成本加成定价法相比，变动成本加成定价法要求的加成比例会更高一些，以保证加成部分既能弥补单位产品应负担的固定成本，又能确保一定水平的正常利润。

 **做一做**

威盛公司计划销售甲产品 20 000 件，该产品预计的单位变动成本为：直接材料费 18 元，直接人工费 14 元，变动制造费用 12 元，固定制造费用 16 元，销售及管理费用总额 10 000 元；该产品的目标利润 40 000 元。

试用变动成本加成定价法确定产品的价格。

_____

_____

_____

产品成本加成定价法的优点是计算简单、简便易行。在正常情况下，按此方法定价能保证企业获取预期利润。其缺点是忽视市场竞争和供求状况的影响,缺乏灵活性,难以适应市场竞争的变化形势,特别是加成率的确定存在一些问题。

2. 以市场需求为基础定价

(1) 需求价格弹性定价法

需求价格弹性定价法是指以市场需求为基础的定价方法。

产品的价格会影响其市场需求,企业所制定的价格会影响产品的销售量。因此,有必要考虑需求的价格弹性。

所谓需求的价格弹性,是指产品需求量对价格变动作出反应的程度。一般来说,价格下降,需求量增加;价格上升,需求量减少。需求的价格弹性通常用需求量变动率与价格变动率之比,即需求的价格弹性系数来衡量。因此,需求的弹性价格系数恒为负值。其计算公式为:

某种产品的需求价格弹性系数(E)= 需求量变动率/价格变动率

观看动画:
认识撇脂定价法

产品的需求价格弹性系数表明,价格每增加(或减少)1%时,需求量所降低(或增加)的百分比。当 $|E|>1$ 时,称为富有弹性或弹性大,表明价格以较小幅度变动时,需求量会产生较大幅度的变动;当 $|E|<1$ 时,称为缺乏弹性或弹性小,表明价格变动幅度即使很大,需求量的变化幅度也不会太大;当 $|E|=1$ 时,称为单一弹性,表明需求量受价格变动影响完全与价格本身变动幅度一致。

对于弹性大的产品,提高价格将导致销售量迅速下降,而降低价格,却会使需求量大大提高,因此,应适当降低价格,刺激需求,薄利多销。对于弹性小的产品,当价格变动时,需求量的变化幅度很小,对这类产品,不仅不应降低价格,相反,在条件允许的范围内,应适当调高价格。对于单一弹性的产品,前两种策略都不适用,只能选择其他的价格策略。

(2) 边际分析定价法

边际分析定价法是指基于微分极值原理,通过分析不同价格与销售量组合下的产品边际收入、边际成本和边际利润之间的关系,进行定价决策的一种定量分析方法。

边际成本是指每增加一个单位产品销售所增加的成本;边际收入是指每增加一个单位产品销售所增加的收入;边际利润是边际收入与边际成本的差额。边际收入与边际成本之间存在着一个重要的关系,即当边际收入等于边际成本(或边际贡献等于零)时,企业的利润最大,这时的销售单价和销售量就是产品的最优单价和最优销售量。这是因为,当边际收入大于边际成本时,边际贡献是正数,企业的利润就会因销售量增加而增加。销售量每增加一个单位,所产生的利润增加额等于边际贡献的数额;当边际收入小于边际成本时,边际贡献是负数,说明增加一个单位销售量所增加的成本大于其增加的收入,企业的利润就会减少,销售量每增加一个单位所减少的利润,等于边际贡献的数额(负数)。因此,当边际收入等于边际成本时,即边际贡献等于零时,企业的利润达到最大。

自我测试

1. 全部成本按其（　　）分类，可以分为固定成本、变动成本和混合成本三大类。
   A. 成本的固定性　　　　　　　B. 成本的可辨认性
   C. 成本的经济用途　　　　　　D. 成本性态
2. 单位产品中的变动成本与业务量增减成（　　）。
   A. 正比关系　　　　　　　　　B. 反比关系
   C. 保持不变　　　　　　　　　D. 部分正比、部分反比
3. 凡成本总额与业务量的总数成（　　）关系的，这种成本成为变动成本。
   A. 不相关　　B. 反比　　C. 等比增加　　D. 等比减少
4. 在变动成本法和完全成本法下，均计入产品成本的项目是（　　）。
   A. 固定制造费用　　　　　　　B. 变动制造费用
   C. 固定销售费用和管理费用　　D. 变动销售费用和管理费用
5. 在变动成本法下，固定制造费用与非生产成本应（　　）。
   A. 计入产品成本　　　　　　　B. 作为期间成本处理
   C. 递延到下期　　　　　　　　D. 在在产品和产成品之间分摊
6. 混合成本分解中的高低点法，选择高低点坐标时，应以（　　）为标准。
   A. 成本　　　　　　　　　　　B. 业务量
   C. 成本、业务量均可　　　　　D. 以上都不对
7. 以下方法中，（　　）为混合成本的数学分解方法之一。
   A. 直接分析法　　　　　　　　B. 技术测定法
   C. 本量利分析法　　　　　　　D. 回归分析法
8. 当期初无存货，期末有存货时，用完全成本法计算的利润（　　）用变动成本法计算的利润。
   A. 小于　　B. 大于　　C. 等于　　D. 无法确定
9. 某公司销售 A 产品，单价为 10 元，单位变动成本 6 元，则该公司的边际贡献率为（　　）。
   A. 20%　　B. 66.7%　　C. 40%　　D. 60%
10. 在其他因素不变的条件下，其变动不能影响保本点的因素是（　　）。
    A. 单位变动成本　　　　　　　B. 固定成本
    C. 单价　　　　　　　　　　　D. 销售量
11. 本量利分析中假定产品成本是按（　　）计算的。
    A. 完全成本法　　　　　　　　B. 变动成本法
    C. 吸收成本法　　　　　　　　D. 制造成本法
12. 下列项目中，属于沉没成本的是（　　）。

A. 旧固定资产的账面价值　　B. 购置新设备的价款
C. 预计新产品所消耗的直接材料　　D. 机会成本

13. 在决策中因为选择了甲方案，而放弃了乙方案，下列乙方案的数据中，属于甲方案机会成本的是（　　）。
A. 销售收入　　B. 变动成本　　C. 净收入　　D. 固定成本

14. 某公司每年生产甲半成品 6 000 件，甲半成品单位变动成本 6 元，固定成本 15 000 元，销售单价 11 元。如果把甲半成品进一步深加工为甲产成品，销售单价可提高到 18 元，但需追加单位变动成本 3 元，追加固定成本 10 000 元，若不进一步加工，可将追加固定成本的资金进行债券投资，每年可获投资收益 3 000 元。那么，深加工相对于直接出售的差量利润为（　　）元。
A. 6 000　　B. 11 000　　C. 10 000　　D. 5 000

15. 下列各种变动，能使保本点下降的是（　　）。
A. 单位变动成本上升　　B. 单位产品售价上升
C. 销售量上升　　D. 固定成本上升

学习成果测评

1. 威盛公司 2021 年厂房设备的利用率已达饱和状态，全年的销售收入为 1 000 万元，获得税后净利 50 万元，发放股利 30 万元。2021 年 12 月 31 日简略资产负债表如表 2-29 所示。

表 2-29　威盛公司简略资产负债表

2021 年 12 月 31 日　　　　　　　　　万元

资产	金额	权益	金额
现金	5	应付账款	40
应收账款	90	应交税费	25
存货	100	长期负债	215
厂房设备（净值）	250	普通股股本	200
无形资产	55	留存收益	20
资产合计	500	权益合计	500

威盛公司 2022 年预测销售收入将达到 1 200 万元，并仍按基期股利发放率支付股利；2022 年计提折旧 10 万元，其中 60% 将用于对现有设备的改造；2022 年预计零星资金的需要量为 50 万元。

请预测威盛公司 2022 年需要追加的资金量。

2. 威盛公司 D 产品的年生产能力为 20 000 件，目前产量是 15 000 件，单位成本 146 元，具体构成如表 2-30 所示，市场价格每件 280 元。销售经理刚收到一份订单，订货量 6 000 件，订货价格每件 140 元，他就这一意向请示了总经理。

表 2-30 威盛公司 D 产品的成本构成

项目	单位成本/(元·件$^{-1}$)
直接材料	17
直接人工	55
变动制造费用	9
固定制造费用	65
单位产品成本	146

总经理了解了产品的成本资料后，说："这价格太低了，比我们每件成本 146 元还低，特别设计还要花费 20 000 元，订单量也超出了我们的生产能力，不能接受。"

如果不接受这个订单，企业的生产能力也别无他用，请根据以上情况对此订单的可行性进行分析，为总经理的决策提供依据。

附：学习成果测评标准（表 2-31）

表 2-31 学习成果测评标准 %

评价方式	准确性	规范性	参与度	合计
学生自评		10		10
小组互评		10		10
组内评价			10	10
教师评价	60	10		70
合计	60	30	10	100

笔记

项目三
编制预算

 项目导读

预算在管理会计中处于决策会计与控制会计的结合处，起着承上启下的作用。相对于决策会计来说，它是决策的具体化，是落实决策的实施计划；而相对于控制与评价来说，它又是控制与评价的标准，是控制与评价实施的必要条件。因此，预算所处的地位十分重要。

预算是以货币作为计量手段，将决策的目标具体地、系统地反映出来的过程。预算主要包括经营预算、专门决策预算和财务预算，各项预算的有机组合构成企业的总预算，也就是全面预算，全面预算管理已经成为现代化企业不可或缺的重要管理模式。预算管理是指企业以战略目标为导向，通过对未来一定期间内的经营活动和相应的财务结果进行全面预测和筹划，科学、合理地配置企业各项财务和非财务资源，并对执行过程进行监督和分析，对执行结果进行评价和反馈，指导经营活动的改善和调整，进而助推企业实现战略目标的管理活动。

 三维目标

知识目标	☐ 了解全面预算体系的构成 ☐ 掌握全面预算的编制方法
能力目标	☐ 能够编制业务预算 ☐ 能够编制财务预算
素质目标	☐ 树立全面预算的理念，培养大局意识 ☐ 形成业务筹划与资源配置的习惯

项目实施

任务 1　编制业务预算

任务描述

威盛公司生产销售甲产品，请根据以产定销的原则，结合企业生产经营的实际情况，利用已知及预测的相关资料，分别编制销售预算、生产预算、直接材料预算、直接人工预算、制造费用预算、产品成本预算、期末存货预算、销售成本预算、销售及管理费用预算、其他现金支出预算。

相关知识

全面预算管理的内容

全面预算管理由经营预算、专门决策预算和财务预算三部分构成。

（1）经营预算

经营预算是以企业在计划期间日常发生的基本生产经营活动为对象而编制的预算，主要包括销售预算、生产预算、直接材料预算、直接人工预算、制造费用预算、产品成本预算、销售及管理费用预算等。这些预算以实物量指标和价值量指标分别反映企业收入与费用的构成情况。

（2）专门决策预算

专门决策预算是以企业在计划期内不经常发生的长期投资决策项目或一次性专门业务活动为对象而编制的预算，主要包括资本支出预算和一次性专门业务预算，如企业固定资产的购置、扩建、改建、更新等都必须在投资项目可行性研究的基础上编制预算，具体反映投资的时间、规模、收益及资金的筹措方式等。

（3）财务预算

财务预算是以企业在计划期内预计现金收支、经营成果和财务状况为对象而编制的预算，主要包括现金预算、预计利润表、预计资产负债表等。这些预算以价值量指标总括反映经营预算和资本支出预算的结果。

扫描二维码

了解中国黄金集团的全面预算管理

> 笔记

企业的全面预算是在预测决策的基础上，以 销售预算 为 起点，根据企业的未来总体规划编制的，在三类预算中，业务预算是全面预算的基础，财务预算的综合性最强，业务预算和专门决策预算最终都可以折合成金额反映在财务预算中，所以人们有时称财务预算为 总预算，称业务预算和专门决策预算为分预算，它们共同构成一个完整的前后衔接、互相勾稽的全面预算体系。全面预算体系如图 3-1 所示。[特别说明：图 3-1 中无经营预算，是因为除专门决策预算、财务预算（现金预算、预计利润表、预计资产负债表）之外的预算都属于经营预算]预算编制流程如图 3-2 所示。

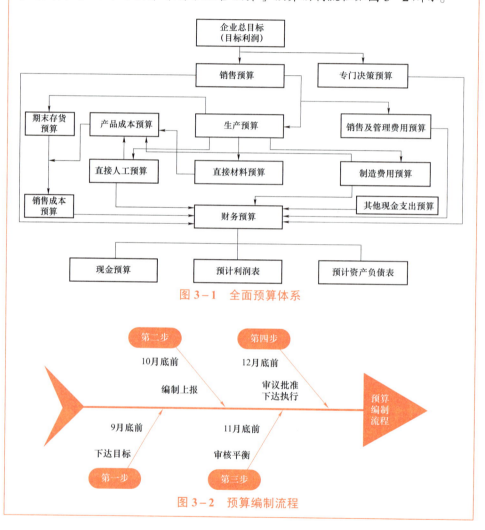

图 3-1　全面预算体系

图 3-2　预算编制流程

❓ 想一想

《礼记·中庸》中讲"凡事预则立，不预则废"，这是什么意思？对你有什么启示？

任务实施

步骤一　编制销售预算

> ### 全面预算的编制方法
>
> 全面预算的编制方法一般有固定预算、弹性预算、增量预算、零基预算、滚动预算、作业预算等。
>
> （1）固定预算
>
> 固定预算，又称静态预算，是指以预算期内正常的、最可能实现的某业务量（如生产量、销售量）水平作为固定的基础，不考虑可能发生的变动的预算编制方法。这是最传统的也是最基本的预算编制方法。
>
> （2）弹性预算
>
> 弹性预算，是指企业在分析业务量与预算项目之间数量依存关系的基础上，根据预算期可预见的不同业务量水平，分别确定其相应的预算额，以反映在不同业务量水平下所应开支的费用水平或收入水平。编制弹性预算所依据的业务量是指企业销售量、生产量等与预算项目相关的弹性变量。
>
> （3）增量预算
>
> 增量预算，是指以基期成本费用水平为出发点，结合预算期业务量水平及有关降低成本的措施，调整有关费用项目而编制预算的方法。传统的预算编制方法基本上采用的是增量预算，即以基期的实际预算为基础，对预算值进行增减调整，这种预算方法比较简便。
>
> （4）零基预算
>
> 零基预算，是指企业不以历史期经济活动及其预算为基础，以零为起点，从实际需要出发分析预算期经济活动的合理性，经综合平衡，形成预算的预算编制方法。
>
> （5）定期预算
>
> 定期预算，是指在编制预算时以不变的会计期间（如日历年度）作为预算期的一种预算编制方法。

扫描二维码

视频：
全面预算的
编制方法

扫描二维码

了解各种预算
方法的特点

（6）滚动预算

滚动预算，是指企业根据上一期预算执行情况和新的预测结果，按既定的预算编制周期和滚动频率，对原有的预算方案进行调整和补充，逐期滚动，持续推进的预算编制方法。其中，预算编制周期，是指每次预算编制所涵盖的时间跨度。在编制预算时，将预算期与会计年度脱离，随着预算的执行不断延伸补充预算，逐期向后滚动，使预算期永远保持为一个固定的期间。

滚动预算也称永续预算或连续预算，就是使预算期始终保持某一特定期限（通常为 12 个月）的连续性预算，即预算期随着时间的推移而向后延伸，任何时期的预算都保持 12 个月的时间跨度。

滚动预算的主要特点是预算期具有连续性。其编制一般采用长计划、短安排的办法，即在具体编制时，先按年度分季，并将第一季度按月划分，编制各月的明细预算，其他三季的预算则可以笼统一些，只需列示各季总数。当第一季度即将结束时，将实际执行数与预算数进行对比分析并修正预算；再将第二季度的预算按月细分，编制各月的明细预算，同时补上下一年度第一季度的预算总数，如此逐期滚动。

想一想

我们为什么要开展"光盘行动"？我们应该怎么做？

"光盘行动"记心头

1. 销售预算的定义

销售预算是指为规划一定预算期内因组织开展销售业务带来的销售收入而编制的一种经营预算。销售预算的主要内容是销量、单价和销售收入。

由于其他预算一般都是在销售预算的基础上编制或者大都与销售预算数据有关，因此，可以说销售预算是编制全面预算的关键和起点。

销售预算需要在销售预测的基础上，根据企业年度目标利润确定的预计销售量和销售价格等参数进行编制。为了便于财务预算的编制，应当在编制销售预算的同时，编制与销售收入有关的经营现金收入预算，以反映全年各季销售所得的现销收入以及收回以前期间应收账款的现金收入。

2. 销售预算的计算公式

销售预算由销售部门负责编制，在实际工作中通常要分品种、月份、销售区域来编制。

$$预计销售收入 = 预计销售单价 \times 预计销售量$$

某期现销收入＝该期销售收入×该期预计现销率
预计经营现金收入＝该期现销收入＋该期收回以前期间应收账款

 **做一做**

威盛公司生产销售甲产品，2022 年年初应收账款数据和各季度预测的销售单价和销售数量等材料如表 3–1 所示，请根据表 3–1 中的资料，完成表 3–2 销售预算的编制。

表 3–1　威盛公司 2022 年预计销售情况

项目		第一季度	第二季度	第三季度	第四季度	应收账款年初余额/元	收现率/%	
							当期	下一期
甲产品	预计销售单价/元	450	450	450	450	216 000	40	60
	预计销售量/件	1 500	2 250	3 000	2 250			

表 3–2　威盛公司 2022 年度销售预算

项目	第一季度	第二季度	第三季度	第四季度	全年
预计销售单价/元					
预计销售量/件					
预计销售金额/元					
期初应收账款/元					
第一季度销售收入/元					
第二季度销售收入/元					
第三季度销售收入/元					
第四季度销售收入/元					
现金收入合计/元					

扫描二维码

视频：
销售预算的
编制方法

步骤二　编制生产预算

1. 生产预算的定义

生产预算是指为规划一定预算期内预计生产量水平而编制的一种经营预算，是安排预算期生产经营规模的计划，它是在销售预算的基础上编制的。该预算是所有经营预算中唯一使用实物量计量单位的预算。

生产预算需要根据预计的销售量按品种分别编制。由于企业的生产和销售不能做到绝对平衡，必须保留一定的存货，因此，预算期间除准备充足的产品以供销售外，还应考虑预计期初存货和预计期末存货等因素。

2. 生产预算的计算公式

有关计算公式如下：

某种产品预计生产量＝预计销售量＋预计期末存货量－预计期初存货量

预计销售量可参考销售预算中的数据，预计期初存货量等于上季期末存货量，预计期末存货量应根据企业发展趋势来预测，在实践中，一般是按期末存货量占下一期销售量的一定比例进行估算。

生产预算主要由生产部门负责编制，编制期间一般为一年，年内按产品品种进行分季或分月安排。

做一做

威盛公司 2021 年年末甲产品存货为 150 件，单位成本 210 元。预计 2022 年第一季度销售量为 1 700 件，公司预计在每季度末保持的期末存货量为下一季度销售量的 10%。

根据上述资料，编制威盛公司 2022 年度的生产预算，如表 3–3 所示。

表 3–3　威盛公司 2022 年度甲产品生产预算　　　　　　　　　件

项目	第一季度	第二季度	第三季度	第四季度	全年
预计销售量					
加：预计期末存货量					
减：预计期初存货量					
预计生产量					

步骤三　编制直接材料预算

1. 直接材料预算的定义

直接材料预算又称直接材料采购预算，是为直接材料采购活动编制的预算。它是在预算期内，在生产预算的基础上，根据生产预算，结合期初期末存货量，以确定材料采购数量和材料采购金额。

2. 直接材料预算的计算公式

直接材料预算以生产预算为基础，根据生产预算的每期预计生产量、单位产品材料用量、期初和期末材料库存量、材料的计划单价以及采购材料的付款条件等编制的预算期直接材料采购计划。预计生产量的数据来自生产预算，单位产品材料用量的数据来自标准成本资料或消耗定额资料，生产需用量是上述两项的乘积。期初和期末材料库存量是根据当前情况和销售预测估计得到的。实践中，各期末材料存量一般根据下期需用量的一定百分比确定。在实际工作中，为了便于编制现金预算，直接材料预算往往还附有预计现金支出计算表，用以计算预算期内为采购直接材料而支付的现金数额。有关计算公式如下：

$$预计生产需用量＝预计生产量×单位产品材料用量$$
$$预计采购量＝预计生产需要量＋预计期末库存量－预计期初库存量$$
$$采购成本＝预计材料采购量×预计采购单价$$
$$预算期采购金额＝该期预计采购总成本$$
$$预算期采购现金支出＝该期现购材料现金支出＋该期支付前期的应付账款$$

做一做

威盛公司生产甲产品需要耗用 A 材料，每件产品消耗材料定额为 4 千克，材料单价为 30 元。2021 年年末库存 A 材料 1 260 千克，预计 2023 年第一季度生产用量为 7 000 千克，每一季度的期末存量按下一季度的生产用料量的 20% 安排。材料采购的货款有 50% 在本季度内付清，剩下部分在下季度付清。该公司期初应付账款为 50 000 元。

根据资料，编制威盛公司 2022 年度直接材料及采购现金支出预算，如表 3－4 所示。

视频：
直接材料预算的编制方法

表 3－4　威盛公司 2022 年度直接材料及采购现金支出预算

项目	第一季度	第二季度	第三季度	第四季度	全年
预计生产量/件					
单位产品材料用量/千克					
生产需用量/千克					
加：预计期末材料库存量/千克					
减：预计期初材料库存量/千克					
预计材料采购量/千克					
材料采购单价/元					
预计采购金额/元					
期初应付账款/元					
第一季度采购现金支出/元					
第二季度采购现金支出/元					
第三季度采购现金支出/元					
第四季度采购现金支出/元					
现金支出合计/元					

步骤四　编制直接人工预算

1. 直接人工预算的定义

直接人工预算是指为直接生产工人耗费编制的预算，是以生产预算为基础编制的。其主要内容有预计产量、单位产品工时、人工总工时、单位工时工资率和人工总成本。单位产品工时和单位工时工资率数据来自标准成本资料。人工总工时和人工总成本是在直接人工预算中计算出来的。直接人工预算可以反映预算期内人工工时的消耗水平和人工成本。

2. 直接人工预算的计算公式

有关计算公式如下：

预计直接人工总工时＝单位产品工时定额×预计生产量

预计直接人工总成本＝单位工时工资率×预计直接人工总工时

直接人工预算主要由生产部门或劳动人事部门编制，编制时可按不同工种分别计算直接人工成本，然后予以汇总。

注意

笔记

由于人工工资一般均由现金支付，通常不单独编制列示与此相关的预计现金支出，可直接汇总。

做一做

威盛公司单位甲产品的定额工时为 5 小时，直接人工工资率为 10 元/小时。

请根据表 3-3 威盛公司 2022 年度甲产品生产预算情况，编制威盛公司 2022 年度直接人工预算，如表 3-5 所示。

表 3-5　威盛公司 2022 年度直接人工预算

项目	第一季度	第二季度	第三季度	第四季度	全年
预计生产量/件					
单位产品工时/（小时·件$^{-1}$）					
人工总工时/小时					
工资率/（元·小时$^{-1}$）					
人工总成本/元					

步骤五 编制制造费用预算

1. 制造费用预算的定义

制造费用预算是指应列入产品成本的各项间接费用的预算,是除了直接材料、直接人工预算以外的其他一切生产成本的预算。制造费用预算的编制主要由生产部门负责。制造费用按其成本性态划分为变动制造费用和固定制造费用两部分,因此其预算通常要分为变动制造费用预算和固定制造费用预算两部分内容编制。

2. 制造费用预算的计算公式

变动制造费用是以生产预算为基础编制的,即根据预计生产量(或预计直接人工工时总数)和预计的变动制造费用分配率来计算。有关公式如下:

预计变动制造费用＝变动制造费用标准分配率×
预计生产量或预计直接人工工时总数

固定制造费用因与生产量无关,其预算通常是根据上年的实际水平,结合上级下达的成本降低率指标,经过适当的调整而计算的。各季度固定制造费用额应等于年度固定制造费用总额的四分之一。

注意

> 制造费用中,除折旧费属于非付现成本外,一般都需要支付现金。因此,为便于现金预算的编制,编制制造费用预算时应包括预计的现金支出计算。

做一做

威盛公司的变动制造费用分配率为 12 元/小时,其中,间接材料为 3 元/小时,间接人工为 3 元/小时,变动修理费用为 2 元/小时,水电费为 1.5 元/小时,其他费用为 2.5 元/小时。全年固定制造费用为 540 000 元。其中,修理费 80 000 元,折旧费 135 000 元,管理人员工资 100 000 元,保险费 120 000 元,租赁费 105 000 元。除了当期计提的固定资产折旧,其余制造费用均用现金支付。

根据上述资料,编制威盛公司 2022 年度制造费用预算,如表 3-6 所示。

视频:
制造费用预算的编制方法

表 3-6　威盛公司 2022 年度制造费用预算　　　　　　　　元

项目	第一季度	第二季度	第三季度	第四季度	全年
变动制造费用：					
间接材料					
间接人工					
水电费					
修理费					
其他费用					
小计					
固定制造费用：					
修理费					
折旧费					
管理人员工资					
保险费					
租赁费					
小计					
制造费用合计					
减：折旧费					
现金支出					

步骤六　编制单位产品成本预算

1. 产品成本预算的定义

单位产品成本预算（简称产品成本预算）是指为规划一定预算期内每种产品的单位成本而编制的一种经营预算。它是在以上五种业务预算的基础上编制的，编制单位产品成本预算的目的是确定期末产成品存货成本和产品销售成本，以便为编制利润表和资产负债表做准备。

2. 产品成本预算的计算公式

产品成本预算一般由生产部门负责，也可以汇总到财务部门编制。该预算需要在生产预算、直接材料预算、直接人工预算和制造费用预算的基础上编制，同时，它也为预计利润表和预计资产负债表的编制提供数据。

该预算必须按照各种产品进行编制，其程序与存货的计价方法密切相关；不同的存货计价方法，需要采取不同的预算编制方法。在变动成本法下，如果产品存货采用先进先出法计价，则产品成本预算的有关计算公式如下：

单位产品直接材料预算成本＝单位产品直接材料预算耗用量×计划单价
单位产品直接人工预算成本＝单位产品工时标准×预算工资率
单位产品变动制造费用预算成本＝单位产品工时标准×
预算变动制造费用分配率

做一做

威盛公司2022年年初的产成品资料、生产预算、直接材料预算、直接人工预算和制造费用预算分别如表3-1~表3-6所示。该公司变动制造费用定额为5小时/件，且该公司采用变动成本法核算产品成本。

根据上述资料按变动成本法编制威盛公司2022年度甲产品单位产品成本预算，如表3-7所示。

表3-7　威盛公司2022年度甲产品单位产品成本预算　　　　　元

项目	定额	单价	单位成本
直接材料			
直接人工			
变动制造费用			
合计			

步骤七　编制期末存货预算

期末存货预算是指为规划一定预算期末产成品的预计成本水平而编制的一种业务预算，它是计算产品销售成本的基础。要做好期末存货预算，必须先明确期末存货的计价方法。期末存货可以采用加权平均法或先进先出法计价。

做一做

根据上述资料，编制威盛公司2022年度期末存货预算，如表3-8所示。

表3-8　威盛公司2022年度期末存货预算

季度	期末存货量/件	单位成本/元	金额/元
第一季度			
第二季度			
第三季度			
第四季度			

步骤八　编制销售成本预算

1. 销售成本预算的定义

销售成本预算是指以产品成本预算为基础,加上期初存货成本,减去期末存货成本而编制的预算。

2. 销售成本预算的计算公式

生产（销货）存货总成本 = 生产（销货）存货数量 × 单位成本

预计产品销售成本 = 本期预计产品生产成本 + 产成品期初余额 − 产成品期末余额

 做一做

根据上述资料,编制威盛公司 2022 年度生产和销售成本预算,如表 3-9 所示。

表 3-9　威盛公司 2022 年度生产和销售成本预算　　　　元

项目	第一季度	第二季度	第三季度	第四季度	全年
直接材料					
直接人工					
变动制造费用					
生产成本合计					
加：期初存货成本					
减：期末存货成本					
销售成本合计					

步骤九　编制销售及管理费用预算

1. 销售费用预算的定义

销售费用预算是指为了实现预期销售目标所需支付的费用而编制的预算。它以销售预算为基础,对销售收入、销售利润和销售费用的关系进行分析,力求实现销售费用的最有效使用。销售费用预算一般由销售部门负责编制。销售费用预算的编制方法与制造费用预算的编制方法非常接近,也可将其划分为变动销售费用和固定销售费用两部分。

2. 管理费用预算的定义

管理费用预算是指为规划一定预算期内因管理企业预计发生的各项费用

水平而编制的一种经营预算，**多为固定成本**。管理费用预算一般由企业**行政管理部门**负责编制。

$$预计变动销售费用 = 单位产品变动销售费用 \times 预计销售量$$

或：

$$预计变动销售费用 = 变动销售费用率 \times 预计销售收入$$

 注意

> 销售费用预算、管理费用预算也要编制相应的现金支出预算。

 做一做

威盛公司单位变动销售费用为 30 元，每季度的固定销售及管理费用为 100 000 元，其中包含的折旧费为 20 000 元。根据上述资料，编制威盛公司 2022 年度销售及管理费用预算，如表 3-10 所示。

表 3-10 威盛公司 2022 年度销售及管理费用预算

项目	第一季度	第二季度	第三季度	第四季度	全年
预计销售量/件					
单位变动销售费用/元					
变动销售费用小计/元					
固定销售及管理费用/元					
合计					
减：折旧费/元					
现金支出/元					

步骤十　编制其他现金支出预算

威盛公司除了上述经营方面的现金支出外，还包括其他方面的现金支出，如所得税支出和利息支出、股息支出等。

 做一做

威盛公司每季度应付股利 25 000 元，每季度预交所得税 32 000 元，请编制威盛公司 2022 年度其他现金支出预算，如表 3-11 所示。

表 3-11　威盛公司 2022 年度其他现金支出预算　　　　　　元

项目	第一季度	第二季度	第三季度	第四季度	全年
应付股利					
应交所得税					
合计					

任务 2　编制专门决策预算

任务描述

根据企业决策情况编制威盛公司 2022 年度专门决策预算。

任务实施

专门决策预算一般包括专项投资预算和专项筹资预算，专项投资预算包括资本支出预算和股权投资预算，专项筹资预算包括借款筹资预算、股权筹资预算等。这些预算的格式和内容，可以根据企业的不同情况灵活设计。

做一做

威盛公司为提高产品质量，拟增设一套专用检测设备，有以下三个方案：

方案一：第一季度开始自行研制，预计研发费用 60 000 元，自制成本 80 000 元，预计半年时间完成。

方案二：第二季度从市场上购置全新设备，预计成本 113 000 元。

方案三：从第一季度开始，采用经营租赁的方式租入，每年租金 20 000 元。

公司经专题会议决策，决定采用第二个方案。

请编制威盛公司 2022 年度专门决策预算，如表 3-12 所示。

表 3-12　威盛公司 2022 年度专门决策预算　　　　　　元

项目	第一季度	第二季度	第三季度	第四季度	全年
购买固定资产					
…					
合计					

任务 3　编制财务预算

 任务描述

根据任务1中威盛公司2022年的各项业务预算、任务2中威盛公司的专门决策预算所提供的资料，编制威盛公司2022年的现金预算、预计利润表和预计资产负债表。

 任务实施

步骤一　编制现金预算

1. 现金预算的定义

现金预算是现金收支预算的简称，是指为规划一定预算期内由于经营活动和资本投资活动引起的预计现金收入、现金支出、现金余缺和现金筹措使用情况和期初、期末现金余额水平而编制的一种财务预算。现金预算一般由财务部门负责编制。

编制现金预算的目的在于合理地处理现金收支业务，正确地调度资金，保证企业资金的正常流转，确保生产经营活动的正常进行。

2. 编制现金预算的流程

现金预算的编制必须以经营预算和专门决策预算为基础，其编制的具体流程如下：

（1）确定预算期期初现金余额

该指标等于上一期期末现金余额。

（2）估算本期现金收入

本期现金收入等于预算期内预计发生的经营现金收入和非经营现金收入之和。前者包括本期现销收入、收回以前期的应收账款、应收票据到期兑现和票据贴现收入等内容；后者包括转让或处置长期资产（包括固定资产和无形资产）所取得的现金收入。

（3）确定预算期可运用现金

该指标等于期初现金余额与本期现金收入之和。

（4）估算本期现金支出

本期现金支出等于预算期内预计发生的经营现金支出和资本性现金支出之和。前者包括预算期内预计发生的采购现金支出、直接人工成本现金支出、制造费用现金支出、销售费用现金支出、管理费用现金支出、应交税费现金支出、偿还应付款项现金支出、支付利润现金支出；后者包括有关设备的购置费等。

（5）计算现金余缺

现金余缺又称现金收支差额，预算期现金余缺等于该期可运用现金与现金支出的差额。如果其差额为正，说明收大于支，现金有多余；如果其差额为负，说明支大于收，现金不足。

（6）现金的筹集与运用

根据企业期末应保持的现金余额的变动范围，结合预算期现金余缺的性质、数额的大小和企业资金管理的有关政策，预计出预算期计划筹集或运用资金的数额。

如果现金不足，可以向银行取得借款，或转让短期投资的有价证券，或增发股票或公司债券。如果现金多余，可用于偿还借款，也可以用于购买作为短期投资的有价证券。

（7）确定期末现金余额

期末现金余额是现金余缺和现金的筹集与运用的综合结果。为确保下期生产经营活动的正常开展，通常要求企业期末现金余额保持在一定的数额范围之内。

做一做

威盛公司每季度末现金余额的额定范围为 50 000～100 000 元，如果达不到 50 000 元，则需要向银行借款，借款的数额一般为 50 000 的倍数，借款年利率为 12%，期限半年，一般于每季度初借入，隔一季度初还本，每季度末支付利息。现金多余时，可购买有价证券作为调剂，购进的份额也是 50 000 元的倍数。已知 2021 年年末的现金余额为 88 000 元。

根据前述有关预算资料，编制威盛公司 2022 年度现金预算，如表 3-13 所示。

表 3-13 威盛公司 2022 年度现金预算　　　　　　元

项目	第一季度	第二季度	第三季度	第四季度	全年
期初现金余额					
销售现金收入					
可运用现金合计					
现金支出					
直接材料					
直接人工					
制造费用					

续表

项目	第一季度	第二季度	第三季度	第四季度	全年
销售及管理费用					
应付股利					
应交所得税					
购买固定资产					
现金支出合计					
现金余缺					
加：向银行借款					
减：归还银行借款					
有价证券投资					
期末现金余额					

扫描二维码

弘扬工匠精神：
山东技能大比武

想一想

通过编制预算表，你认为财务人员应具备哪些职业素养？

_____
_____
_____
_____

笔记

步骤二　编制预计利润表

预计利润表是指以货币形式综合反映预算期企业经营活动成果（包括利润总额、净利润）计划水平的一种财务预算。

该预算需要在销售预算、产品成本预算、应交税费预算、制造费用预算、销售费用预算、管理费用预算和财务费用预算等经营预算的基础上编制。预计利润表一般由财务部门负责编制。

 注意

除企业管理需要外，预计利润表通常按年编制。

笔记

 做一做

根据前述的各种预算，编制威盛公司 2022 年度预计利润表，如表 3-14 所示。

表 3-14　威盛公司 2022 年度预计利润表　　　　　　　　　　元

项目	第一季度	第二季度	第三季度	第四季度	全年
销售收入					
减：变动生产成本					
税金及附加					
边际贡献（生产阶段）					
减：变动销售费用					
边际贡献（销售阶段）					
减：固定制造费用					
固定销售费用					
管理费用					
财务费用					
利润总额					
减：所得税费用					
净利润					

威盛公司 2021 年年末未分配利润为 152 870 元。法定盈余公积的提取比例为 10%，任意盈余公积的提取比例为 5%。

要求：编制威盛公司 2022 年度预计利润分配表，如表 3-15 所示。

表 3-15　威盛公司 2022 年度预计利润分配表　　　　　　　　　元

项目	金额
年初未分配利润	
加：本年实现净利润	
减：提取法定盈余公积	
提取任意盈余公积	
提取盈余公积合计	
可供投资者分配的利润	
减：向投资者分配股利	
年末未分配利润	

步骤三　编制预计资产负债表

预计资产负债表是指用于总括反映企业预算期末财务状况的一种财务预算，是以前期期末资产负债表为基础，根据销售预算、生产预算、成本预算的有关资料进行汇总和调整而编制的。

预计资产负债表中除上年期末数已知外，其余项目均应在前述各项经营预算和专门决策预算的基础上分析填列。预计资产负债表一般由财务部门负责编制。

做一做

威盛公司 2021 年 12 月 31 日的资产负债表如表 3-16 所示。根据前述威盛公司 2022 年度的经营预算、专门决策预算、现金预算和预计利润表的计算结果，编制威盛公司 2022 年度预计资产负债表，如表 3-17 所示。

表 3-16　威盛公司资产负债表

2021 年 12 月 31 日　　　　　　　　　　　　　　　　　　　　元

资产	期初数	负债及所有者权益	期初数
现金	88 000	应付账款	50 000
应收账款	216 000	应交所得税	128 000
原材料	37 800	负债小计	178 000
产成品	31 500	实收资本	260 000
交易性金融资产		资本公积	0
流动资产合计	373 300	盈余公积	370 430
固定资产原值	900 000	未分配利润	152 870
减：累计折旧	312 000		
固定资产净值	588 000	所有者权益合计	783 300

表 3-17　威盛公司 2022 年度预计资产负债表　　　　　　　　元

资产	期初数	期末数	负债及所有者权益	期初数	期末数
现金			应付账款		
应收账款			应交所得税		
原材料			负债小计		
产成品			实收资本		

续表

资产	期初数	期末数	负债及所有者权益	期初数	期末数
流动资产合计			资本公积		
固定资产原值			盈余公积		
减：累计折旧			未分配利润		
固定资产净值			所有者权益小计		
资产合计			权益合计		

自我测试

1. 编制全面预算的期间通常为（　　）。
   A. 1 个月　　　B. 1 个季度　　　C. 1 年　　　D. 半年
2. 编制全面预算的基础是（　　）。
   A. 直接材料预算　　　　　　B. 直接人工预算
   C. 生产预算　　　　　　　　D. 销售预算
3. 随着业务量的变动，做机动调整的预算是（　　）。
   A. 滚动预算　　B. 弹性预算　　C. 增量预算　　D. 零基预算
4. 滚动预算的基本特点是（　　）。
   A. 预算期相对固定　　　　　B. 预算期是连续不断的
   C. 预算期与会计年度一致　　D. 预算期不可随意变动
5. 编制弹性预算首先要考虑确定的因素是（　　）。
   A. 业务量　　　B. 变动成本　　C. 固定成本　　D. 计量单位
6. 零基预算的编制基础是（　　）。
   A. 零　　　　　　　　　　　B. 基期的费用水平
   C. 国外同行业水平　　　　　D. 历史最好水平
7. （　　）是假定现有费用开支水平是合理而且是必需的这一基础上编制的。
   A. 零基预算　　B. 弹性预算　　C. 定期预算　　D. 增量预算
8. 下列各项中，只涉及实物计量单位而不涉及价值计量单位的预算是（　　）。
   A. 销售预算　　　　　　　　B. 生产预算
   C. 专门决策预算　　　　　　D. 财务预算
9. 销售费用预算一般由（　　）来编制。
   A. 销售部门　　B. 生产部门　　C. 财务部门　　D. 管理部门
10. 直接人工预算和变动制造费用预算的编制基础都是（　　）。
    A. 销售预算　　B. 生产预算　　C. 财务预算　　D. 管理预算

学习成果测评

根据任务 1、任务 2 中威盛公司 2022 年各项业务预算、专门决策预算所提供的资料，编制 2022 年的现金预算。

威盛公司每季度末现金余额的额定范围为 50 000~100 000 元，如果达不到 50 000 元，则需要向银行借款，借款的数额一般为 50 000 的倍数，借款年利率为 12%，期限半年，一般于每季度初借入，隔一季度初还本，每季度末支付利息。现金多余时，可购买有价证券作为调剂，购进的份额也是 50 000 元的倍数。已知 2021 年年末的现金余额为 88 000 元。

根据前述有关资料，编制威盛公司 2022 年度现金预算，见任务 3 表 3–13。

附：学习成果测评标准（表 3–18）

表 3–18 学习成果测评标准 %

评价方式	准确性	规范性	参与度	合计
学生自评		10		10
小组互评		10		10
组内评价			10	10
教师评价	60	10		70
合计	60	30	10	100

📎 笔记

项目四

设计资金投放

 项目导读

投资是企业获得利润的前提，是企业生存和发展的必要手段，是企业降低风险的重要途径。投资对企业的发展具有重要的作用，随着市场经济的不断发展，投资已经成为企业发展中的重要活动之一，是财务管理的重要环节。只有强化投资管理，有效规避投资风险，提高经济效益，才能更好地促进企业健康、长远发展。因此管理人员应掌握投资评价的专门方法，对企业经营中出现的各种投资问题进行研究分析并作出科学、正确的决策。

 三维目标

知识目标	☐ 掌握资金时间价值理念及应用 ☐ 掌握项目投资决策评价方法及在实践中的应用 ☐ 设计现金管理方案 ☐ 设计存货管理方案 ☐ 设计应收账款管理方案
能力目标	☐ 能够准确计算资金时间价值 ☐ 能够熟练应用投资决策评价方法 ☐ 能够确定最佳现金持有量 ☐ 能够确定最佳经济订货批量 ☐ 能够对应收账款收账方案进行决策
素质目标	☐ 树立勤俭节约、科学的理财理念 ☐ 培养良好的职业习惯

项目实施

 **相关知识**

资金时间价值的计算

资金时间价值是指在<u>不考虑</u>风险和通货膨胀的情况下，货币经过一定时间的<u>投资与再生产</u>所产生的<u>增值</u>，也称为货币时间价值，同样可以表述为资金在不同时点上的差额或资金随着时间的推移而产生的增值。

资金时间价值可以用<u>绝对数</u>和<u>相对数</u>来表示，实际工作中通常用相对数（利息率）来表示。资金时间价值的实际内容是在没有风险和没有通货膨胀的情况下的<u>社会平均资金利润率</u>，是企业资金利润率的最低限度。

（1）单利的终值和现值

单利是指<u>只对本金计算利息</u>，利息部分不再计息，通常用 P 表示现值，F 表示终值，i 表示利率，I 表示利息，n 表示年限，其计算公式为：

单利终值：
$$F = P \times (1 + i \times n)$$

单利现值：
$$P = F \div (1 + i \times n)$$

（2）复利的终值和现值

① 复利终值是指一定量的本金按<u>复利计算</u>的若干年后的<u>本息和</u>。复利终值计算公式为：
$$F = P \times (1 + i)^n$$

也可表示为：
$$F = P(F/P, i, n)$$

其中，$(1+i)^n$ 称为复利终值系数，用符号 $(F/P, i, n)$ 表示，查阅复利终值系数表（参见附录一）可以得到。

② 复利现值是指在将来某一特定时间取得或支出一定数额的资金，按复利折算到<u>现在的价值</u>。复利现值的计算公式为：
$$P = F \div (1 + i)^n = F(1+i)^{-n}$$

也可表示为：
$$P = F(P/F, i, n)$$

式中的 $(1+i)^{-n}$ 称为复利现值系数，用符号 $(P/F, i, n)$ 表示，查阅复利现值系数表（参见附录二）可以得到。

扫描二维码

了解资金时间价值

📖 **笔记**

（3）普通年金终值

普通年金终值是指每期期末收入或支出的相等款项，按复利计算，在最后一期所得的本利和。

其计算公式为：

$$F = A \times \frac{(1+i)^n - 1}{i}$$

其中，$\frac{(1+i)^n - 1}{i}$ 称为年金终值系数，记作 $(F/A, i, n)$，可直接查年金终值系数表（参见附录三）得到，则 $F = A(F/A, i, n)$。

（4）年偿债基金

计算年金终值，一般是已知年金然后求终值。有时还会碰到已知年金终值，反过来求每年收入或支出的年金数额，这是年金终值的逆运算，也把它称作年偿债基金的计算。其计算公式为：

$$A = F \times \frac{i}{(1+i)^n - 1}$$

式中，$\frac{i}{(1+i)^n - 1}$ 称作年偿债基金系数，记作 $(A/F, i, n)$，通常做法是根据年金终值系数的倒数来求得，则 $A = F(A/F, i, n)$ 或 $A = \frac{F}{(F/A, i, n)}$。

（5）普通年金现值

普通年金现值是指一定时期内每期期末等额收入或支付的复利现值之和。每期期末取得或支出的款项折算到初始点的现值如下：

$$P = A \times \frac{1 - (1+i)^{-n}}{i}$$

式中，$\frac{1 - (1+i)^{-n}}{i}$ 称为年金现值系数，记作 $(P/A, i, n)$，可直接查年金现值系数表（参见附录四）得到，则 $P = A(P/A, i, n)$。

（6）年等额回收额

年金现值计算是在已知年金的条件下计算年金的现值，也可以反过来，在已知年金现值的条件下求年金，这是年金现值的逆运算，可称作年等额回收额的计算。其计算公式如下：

$$A = P \times \frac{i}{1 - (1+i)^{-n}}$$

式中，$\frac{i}{1 - (1+i)^{-n}}$ 称作年等额回收额系数，记作 $(A/P, i, n)$，通常是根据年金现值系数的倒数来得到，则 $A = P(A/P, i, n)$ 或 $A = \frac{P}{(P/A, i, n)}$。

思政课堂

要树立正确的时间价值理念和财商观，我们就应该充分利用时间，倍加珍惜时间。

任务1　管理项目投资

 任务描述

威盛公司因扩大再生产的需求增加项目投资，请利用现有的知识储备，根据本任务所学的项目投资决策评价方法对项目进行取舍决策。涉及的决策评价方法主要有非贴现法（主要包括投资回收期法、投资利润率法）和贴现法（主要包括净现值法、净现值率法、现值指数法、内含报酬率法）。

 任务实施

步骤一　计算现金流量

 知识准备

> 投资是指企业为了获取收益而向一定对象投放资金的行为，也可以认为是消耗一定的资源以期望得到未来收益的行为。
>
> 从企业角度看，对内投资就是项目投资，是指企业将资金投放于为取得供本企业生产经营使用的固定资产、无形资产、其他资产和垫支流动资金而形成的一种投资；对外投资是指企业为购买国家及其他企业发行的有价证券或其他金融产品，或以货币资金、实物资产、无形资产等向其他企业注入资金而发生的投资。

1. 明确项目投资计算期

项目投资计算期是指投资项目从投资建设开始到最终清理结束整个过程的全部时间，包括建设期和运营期。其中建设期是指项目资金从正式投入开始到项目建成投产为止所需要的时间，建设期的第一年年初称为建设

扫描二维码

观看视频：
"一带一路"

起点，建设期的最后一期期末称为投产日。项目计算期的最后一期期末称为终结点。从投产日到终结点之间的时间间隔称为运营期。项目计算期构成如图 4-1 所示。

图 4-1 项目计算期

2. 计算现金流量

这里的现金是广义的现金，它不仅包括货币资金，还包括由企业所拥有的非货币性资产的变现价值。现金流量具体包括下面三项内容：

（1）现金流入量
① 营业收入。
② 回收固定资产的残值。
③ 回收的流动资金。

（2）现金流出量
① 建设投资。
建设投资是指在项目建设期内所发生的固定资产、无形资产和其他投资的总称。
② 流动资金投资。
流动资金投资是指对存货和货币资金等流动资产的垫支。该投资可能发生在建设期内，也可能发生在经营期内。
③ 付现成本。
付现成本又称为经营成本，是指在运营期内为满足正常的生产经营活动而动用货币资金支付的成本和费用，是经营期最主要的现金流出量。
④ 各项税费。
各项税费是指生产经营期内企业实际支付的所得税、流转税等。

（3）现金净流量
现金净流量又称净现金流量（用 NCF_t 表示），是在项目计算期内该年的现金流入量与现金流出量之间的差额所形成的序列指标，如图 4-2 所示。
即：

该年现金净流量（NCF_t）= 该年现金流入量 — 该年现金流出量

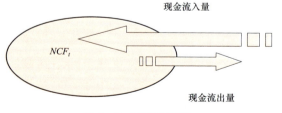

图 4-2 现金净流量

教你一招

（1）建设期的现金净流量＝该年发生的固定资产投资额
（2）运营期每年现金净流量＝营业收入－付现成本－所得税
　　　　　　　　　　　　＝营业收入－（营业成本－折旧/摊销）－所得税
　　　　　　　　　　　　＝营业收入－营业成本－所得税＋折旧或摊销
　　　　　　　　　　　　＝净利润＋折旧或摊销
（3）终结点现金流量＝固定资产残值回收额＋垫支流动资金回收额

 注意

付现成本在这里主要是指每年支付的现金成本。成本中不需要每年支付现金的部分称为非付现成本，主要指固定资产折旧费、无形资产摊销费等，因此付现成本可以用总成本减去折旧费或摊销费来估计。

为了正确评价投资项目的财务状况，必须正确计算现金流量。

 **做一做**

威盛公司 2022 年度拟构建一项固定资产，打算在建设起点一次性投入资金 500 万元。该固定资产使用寿命 10 年，采用直线法计提折旧，期末残值 20 万元。建设期 1 年，发生建设期资本化利息费用 20 万元。预计投产后每年可获得净利润 50 万元。

要求：计算各年所得税前的现金净流量。

_____
_____
_____
_____

步骤二　掌握项目投资决策评价的基本方法

项目投资决策的方法有非贴现法和贴现法两种，相应地，项目投资决策评价指标如图 4-3 所示。

扫描二维码

观看动画：
巨人集团的故事

笔记

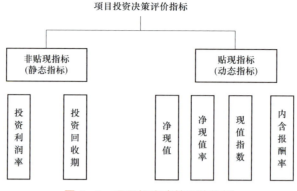

图 4-3 项目投资决策评价指标

1. 非贴现法

（1）投资回收期法

投资回收期是指以投资项目运营期的现金净流量抵偿原始投资所需要的全部时间。投资回收期法是一种根据收回投资额所需要的时间长短来判断项目是否可行的评价方法。通常地说，投资回收期越短，说明收回成本的时间越短，项目的风险越小，可行性就越大。

① 公式法。

在一项投资活动中，投产后每年的现金净流量相等，且合计数大于原始投资额，则应按照公式法来计算投资回收期。公式如下：

$$投资回收期 = \frac{原始投资额}{投产后每年相等的现金净流量}$$

② 列表法。

项目投资活动中，若投产后各年的现金净流量不相等，此时应采用列表法。所谓列表法，是指通过列表来计算累计现金净流量，来确定投资回收期的方法。确定回收期的标准是累计现金净流量为零时对应的年限。即先找出原始投资额是在哪两个年份之间回收完成的，然后用较小的年份加上 $\frac{尚未回收的投资}{较大年份的该年现金流量}$ 即可。

 做一做

威盛公司 2022 年度拟投资一个项目，经测算，投产后每年给企业带来的现金净流量分别为 35 万元、45 万元、40 万元、30 万元、30 万元，如表 4-1 所示。

表 4-1　威盛公司 2022 年度项目现金流量分布　　　　万元

年份（n）	0	1	2	3	4	5
NCF_t	-100	35	45	40	30	30
累计 NCF_t	-100	-65	-20	20	50	80

请确认该项目的投资回收期。

注意

对投资回收期法的评价如下：

（1）优点

① 能够直观地反映原始投资的返本期限；

② 便于理解，计算简单；

③ 可以直观地利用回收期之前的现金净流量信息。

（2）缺点

① 没有考虑资金时间价值因素；

② 不能衡量企业的投资风险；

③ 没有考虑回收期满后继续发生的现金净流量的变化情况。

扫描二维码

观看动画：
你会投资哪一家

做一做

威盛公司 2022 年度拟购买一条生产线，价值 500 万元，预计使用时间 5 年，期满无残值。经测算，投产后每年给企业带来的现金净流量分别为 135 万元、185 万元、120 万元、115 万元、85 万元，如表 4-2 所示，计算投资回收期。

表 4-2　威盛公司 2022 年度项目现金净流量分布　　　　万元

年份（n）	0	1	2	3	4	5
NCF_t	-500	135	185	120	115	85
累计 NCF_t	-500	-365	-180	-60	55	140

 笔记

（2）投资利润率法

投资利润率法是指用投资利润率与基准投资收益率对比来分析项目投资经济效果的方法。其衡量指标就是投资利润率。投资利润率是指正常运行的年份内利润与投资总额的比率。

$$投资利润率 = \frac{项目计算期内年均净利润}{项目总投资} \times 100\%$$

注意

> 对投资利润率法的评价如下：
> （1）优点
> ① 计算过程比较简单；
> ② 能够说明各投资方案的收益水平。
> （2）缺点
> ① 没有考虑资金时间价值因素；
> ② 该指标的分子分母其时间特征不一致，不具有可比性。

做一做

威盛公司 2022 年度有甲、乙两个投资方案，预计各年净利润如表 4-3 所示：

表 4-3　威盛公司 2022 年度甲、乙投资方案各年净利润　　　万元

年份	0	1	2	3	4	5
甲方案	-100	25	25	25	25	25
乙方案	-100	20	25	30	25	30

要求：分别计算甲、乙两个方案的投资利润率并进行财务评价。

2. 贴现法

用贴现法衡量项目投资经济效果的指标如下：
（1）净现值（NPV）
所谓净现值（NPV，Net Present Value 的缩写），是指投资项目在整个计

算期内各不同时点上产生的现金净流量按照同一折现率折算的现值与投资额现值之间的差额。净现值的计算公式是：

$$净现值\ (NPV) = \sum_{t=0}^{n} NCF_t(P/F,i,n)$$

其中：
NCF_t——第 t 年的现金净流量；
n——投资项目计算期；
i——预定的贴现率。

 教你一招

独立方案决策时，若 NPV≥0，项目具有财务可行性，否则不可行；互斥方案决策时，若投资额及项目期限均相等，应选择 NPV≥0 且 NPV 最大的方案。

 注意

对净现值法的评价如下：
（1）优点
① 考虑了资金时间价值，考虑了投资发生的时间和收入实现时间对投资项目的影响，比非贴现指标更具有科学性；
② 充分考虑了整个项目计算期的现金流量，避免了投资回收期法只考虑回收期内现金流量的弊端；
③ 考虑了投资的风险性，折现率的大小与风险有关，风险越大，折现率越高；风险越小，折现率越低。
（2）缺点
① 不能动态反映投资项目的实际收益水平，当项目投资额或项目计算期不同时，难以直接用净现值来判断项目的优劣；
② 贴现率的选择受主观因素影响较大，如乐观的管理者比较倾向于较高的现金净流量和较低的贴现率，而悲观的管理者则倾向于较低的现金净流量和较高的贴现率。
在众多投资额相同的方案中，项目计算期和投资额均相等的情况下，若净现值均大于零，净现值最大的方案为优，因此 NPV>0 是项目可行的必要条件。

想一想

如果有多个备选方案的投资额不等，用净现值指标能否进行决策？为什么？

_____
_____
_____
_____

（2）净现值率（NPVR）

净现值率（NPVR，Net Present Value Rate 的缩写），是投资项目的净现值与原始投资现值的比率，公式为：

$$净现值率（NPVR）= \frac{NPV}{原始投资现值}$$

教你一招

独立方案决策时，若 $NPVR \geq 0$，项目具有财务可行性，否则不可行；互斥方案决策时，应选择 $NPVR \geq 0$ 且 $NPVR$ 最大的方案。

注意

对净现值率法的评价如下：

（1）优点

① 考虑了资金时间价值，可以动态反映项目的资金投入与产出之间的关系；

② 净现值率使用相对数表示，有利于在初始投资额不相同的方案之间进行优先排序。

（2）缺点

① 不能反映项目本身的真实报酬率；

② 贴现率的选择具有一定的主观性。

（3）现值指数（PI）

现值指数（PI，Profitability Index 的缩写），也称获利指数，是指投资项目在整个计算期内，经营期现金净流量现值之和与投资额现值之比。计算公式为：

$$现值指数（PI）= \frac{\sum 经营期各年现金净流量现值}{投资额现值}$$

 **教你一招**

> 独立方案决策时，若 $PI \geq 1$，项目具有财务可行性，否则不可行；互斥方案决策时，应选择 $PI \geq 1$ 且 PI 最大的方案。

 注意

> 现值指数的优缺点与净现值率的优缺点基本相同。

 做一做

威盛公司 2022 年度有两个投资方案可供选择，现金净流量如表 4-4 所示。

表 4-4　威盛公司 2022 年度投资方案预计现金净流量　　　　万元

方案	0	1	2	3	4	5
甲	-10 000	4 000	6 000	4 000	4 000	4 000
乙	-10 000	4 000	6 000	6 000	6 000	6 000

企业要求的资本成本率为 10%。

要求：计算甲、乙两个投资方案的净现值、净现值率和现值指数，并进行财务可行性评价。

 想一想

净现值率和现值指数之间有着什么样的逻辑关系？

（4）内含报酬率（IRR）

内含报酬率（IRR，Internal Rate of Return 的缩写），是指投资项目在整个项目计算期内各年现金流量现值合计数等于零时的贴现率，也称为内部收益率。IRR 应满足下列条件：

$$\sum 各年净现金流量(P/F, IRR, n) = 0$$

IRR 的计算分两种情况：

1）若各年的现金净流量相等

则

经营期每年的净现金流量$(NCF) \times (P/A, IRR, n) - 投资总额 = 0$

具体步骤如下：

① 计算年金现值系数。

$$年金现值系数(P/A, IRR, n) = \frac{投资总额}{经营期每年的现金净流量}$$

② 查年金现值系数表，在相同的期数内，找出与上述年金系数相同的贴现率，即为内含报酬率；若没有，则找到其相邻的两个贴现率；

③ 根据上述两个邻近的贴现率和已求得的年金现值系数，采用插值法计算出该投资方案的内含报酬率。

2）若各年的现金净流量不相等

若各年的现金净流量不相等，应采用逐步测试法结合插值法求得 IRR。

① 先假定一个贴现率，计算投资方案的净现值；

② 当 NPV＞0 时，应提高折现率，再重新计算；

③ 若 NPV＜0 时，应降低折现率；

④ 反复测试，直到找到 NPV 最接近零的一个正值和负值，然后用插值法求出内含报酬率。

 知识延伸

> 净现值的计算是根据给定的贴现率求净现值，而内含报酬率的计算是先让净现值等于零，然后求能使净现值等于零的贴现率，所以净现值不能揭示各个方案本身可以达到的实际报酬率是多少，而内含报酬率实际上反映了项目本身的真实报酬率。

教你一招

独立方案决策时，IRR≥资本成本率或必要报酬率时，方案可行，否则不可行；

互斥方案决策时，应选择IRR≥资本成本率或必要报酬率并且IRR最大的方案。

注意

对内含报酬率法的评价如下：
（1）优点
① 考虑了资金时间价值，可以反映项目投资的真实报酬率；
② 能够对投资额不同的方案进行优先排序，便于决策。
（2）缺点
计算过程比较复杂，特别是对每年现金净流量不相等的项目投资，一般要经过多次测算才能得到结果。

做一做

威盛公司2022年度拟进行乙方案投资，购入一台设备，需投资290万元，经营期限为3年，每年现金净流量如表4-5所示。

表4-5　威盛公司2022年度投资项目各年现金净流量　　　万元

年份	0	1	2	3
乙方案	-290	100	120	150

资本成本率为12%。

要求：计算该方案的内含报酬率并进行财务可行性评价。

笔记

? 想一想

贴现类项目投资评价指标之间有着怎样的对应关系?
当 $NPV>0$ 时,$NPVR>0$,$PI>1$,$IRR>i$
当 $NPV=0$ 时,$NPVR=0$,$PI=1$,$IRR=i$
当 $NPV<0$ 时,$NPVR<0$,$PI<1$,$IRR<i$

 思政课堂

作为财务工作者,每作出的一个财务决策都关系到企业命运。所以,我们应该秉持谨慎的职业态度,依照国家法律和会计准则法规,做到独立、客观、公正、诚实守信,运用专业的方法对企业数据进行分析,以获取有效的财务信息,为企业作出科学的选择。

步骤三 开展项目投资决策

1. 独立方案财务可行性评价及投资决策

在独立方案中,选择某一方案并不排斥另一方案的选择。评价其财务可行性也就是对其作出最终决策的过程,即接受或拒绝的选择。

 做一做

威盛公司为扩大生产拟购置设备一台,成本为 150 000 元,使用期限为 6 年,预计净残值为 15 000 元,用直线法计提折旧,没有建设期,投产后每年增加营业收入 90 000 元,增加付现成本 53 000 元。贴现率为 10%,所得税税率为 25%。

要求:计算净现值并对该项目投资作出财务可行性评价。

注意

> 独立方案决策时，应选择符合以下条件的方案：
> NPV＞0 时、NPVR＞0、PI＞1、IRR＞i

2. 多个互斥方案比较决策

项目中的互斥方案是指在决策时涉及的多个相互排斥、不能同时实施的投资方案。

（1）原始投资额相等

原始投资额相等且项目计算期相等时，直接采用*净现值指标*，从 *NPV*≥0 的项目中选择净现值最大的方案；在原始投资额相同但项目计算期不相等时，一般采用*现值指数指标*，从 *PI*≥1 的项目中选择现值指数最大的方案。

 做一做

威盛公司 2022 年度拟新建固定资产项目，需原始投资 300 000 元，使用 5 年。现有 A、B 两个互斥方案可供选择，均无建设期。A 方案投产后，每年营业现金净流量分别为 80 000 元、90 000 元、100 000 元、110 000 元、120 000 元；若采用 B 方案，投产后，每年营业现金净流量均为 100 000 元，贴现率为 10%。

要求：计算净现值并对 A、B 两个方案作出决策。

（2）原始投资额不相等

原始投资额不相等但计算期相等时，采用*净现值指标*评价，从 *NPV*≥0 的项目中选择净现值最大的方案；

在原始投资额不相等并且计算期也不相等时，一般采用*年等额净回收额法*评价。在此方法下，年等额净回收额最大的方案为优。

具体步骤如下：

① 计算各方案的净现值；

② 计算各方案的年等额净回收额。

$$年等额净回收额(A) = \frac{净现值}{年金现值系数} = \frac{NPV}{(P/A, i, n)}$$

扫描二维码

观看视频：
规范国企境外投资

笔记

 注意

> 年等额净回收额是利用年金现值计算公式的逆运算求得。

 做一做

威盛公司 2022 年度拟新建固定资产项目,现有 A、B 两个互斥方案可供选择。若采用 A 方案,需要投资 300 000 元,每年营业现金净流量分别为 80 000 元、90 000 元、100 000 元、110 000 元和 120 000 元,使用 5 年;若采用 B 方案,需要投资 360 000 元,每年营业现金净流量均为 100 000 元,使用 6 年。A、B 两个方案均无建设期,贴现率为 10%。

要求:计算年等额净回收额并对 A、B 两个方案作出决策。

_____
_____
_____

扫描二维码
观看视频:
儿慈会 4.8 亿元
账目遭质疑

 思政课堂

企业在投资过程中面临的财务情况千差万别,失之毫厘,谬以千里。财务管理人员要修德强能、严谨精细,发扬工匠精神,根据具体情况具体分析,在成就自我人生价值与人生目标的同时,要回馈社会。

任务 2 设计现金管理方案

 任务描述

威盛公司目前整体现金收支稳定,预计全年现金需求量为 100 万元,现金与有价证券的转换成本为每次 500 元,有价证券的年均收益率为 10%。

根据威盛公司当前的财务情况,应持有多少规模的现金才能既满足公司的生产经营需求,又不会出现资金的闲置浪费?

 任务实施

 相关知识

现金持有动机与持有成本

现金是指企业在生产经营过程中，暂时停留在货币形态的资金，包括库存现金、银行存款和其他货币资金，这是广义的现金；狭义的现金仅指库存现金。这里所讲的现金指广义的现金。

保持合理的现金水平是企业现金管理的重要内容。拥有足够的现金对于降低企业的风险、增强企业资产的流动性和债务的可清偿性有着重要意义。除了应付日常的业务活动之外，企业还需要拥有足够的现金偿还贷款、把握商机以及防备不时之需。企业必须建立一套管理现金的方法，持有合理的现金数额，在现金的流动性和收益性之间进行合理选择。

扫描二维码

观看动画：
史玉柱的故事

企业持有现金动机类型、持有现金成本类型如表4-6和表4-7所示。

表4-6 持有现金动机类型

动机类型	产生原因
交易动机	企业生产经营过程中为维持正常的需要应当保持一定的现金支付能力
预防动机	应付紧急情况的现金需要
投机性动机	为把握市场投资机会，获得较大收益而持有现金，从中获得收益

表4-7 持有现金成本类型

动机类型	产生原因
持有成本	因持有现金而丧失的收益，其本质是一种机会成本
转换成本	企业用现金购入有价证券及转让有价证券时付出的交易费用
短缺成本	由于现金持有量不足，无法及时通过有价证券变现给企业造成的损失

 思政课堂

现金是企业流动性最强的资产，是企业的"血液"，也是企业运营的"大动脉"，其管理也最容易出现问题。

古今中外，反面案例比比皆是，最后导致家破人亡的案例不胜枚举。所以，作为财务人员，莫伸手，伸手必被捉，唯利是图的人生是黑暗的；作为财务人员，应坚守住职业道德底线，人生之路才能走得更为长久。

步骤一　设计最佳现金持有量方案

存货模型下的最佳现金持有量，是将存货经济订货批量模型应用于现金管理，以确定目标现金持有量，也是使现金相关成本最低时的现金持有量。

在存货模型下确定最佳现金持有量时，只考虑机会成本和固定性转换成本，这是决策的相关成本。机会成本和固定性转换成本随着现金持有量的变动而互成反方向的变动趋势，因而能够使持有现金的机会成本和固定性转换成本之和达到最低时对应的现金持有量，即为最佳现金持有量。

在运用该模型时，需考虑如下假设前提，如图4-4所示。

图4-4　现金管理存货模型假设

$$相关成本=持有机会成本+固定性转换成本$$
$$=现金平均余额\times 有价证券收益率+交易次数\times 有价证券每次交易固定成本$$

假设下列符号：

TC——总成本；

T——一个周期内的现金总需求量；

Q——最佳现金持有量；

K——有价证券收益率；

F——有价证券每次交易固定成本。

则有：

$$TC=\frac{Q}{2}\times K+\frac{T}{Q}\times F$$

经过对上述公式求二阶导数，使得TC达到最小值时，Q对应的量即为最佳现金持有量。

最佳现金持有量为：

$$Q = \sqrt{\frac{2TF}{K}}$$

相关最小总成本为:

$$TC = \sqrt{2TFK}$$

威盛公司 2022 年度现金收支平稳,预计全年(按 360 天计)现金需要量为 250 000 元,现金与有价证券的转换成本为每次 500 元,有价证券年均报酬率为 10%。

要求:

① 运用存货模型计算最佳现金持有量。

② 计算最佳现金持有量下的最低现金管理相关总成本、全年现金转换成本和全年现金持有机会成本。

③ 计算最佳现金持有量下的全年有价证券交易次数和有价证券交易间隔期。

现金是流动性最强、收益性最差的资产,企业现金管理的目标就是要在资产的流动性和盈利能力之间作出抉择,合理确定现金持有量。

步骤二 加强现金的日常管理

现金的日常管理是现金管理的一项经常性活动。在管理中,其主要的目的是尽快收回现金,延迟支付现金,提高资金的周转速度。现金的日常管理对于提高资金的使用效率具有重要意义。现金的日常管理分为现金回收管理和现金的支出管理。

1. 现金回收管理

现金回收管理的目的是尽快收回现金,加速现金的周转。主要采用的方法有邮政信箱法和银行业务集中法两种。

(1)邮政信箱法

邮政信箱法又称锁箱法,是指企业可以在各主要城市租用专门的邮政信箱并开立分行存款户,授权当地银行每日开启信箱,在取得客户支票后立即结算，并通过电汇将货款拨给企业所在地银行。该方法缩短了支票邮寄及在企业的停留时间，但成本较高。

（2）银行业务集中法

银行业务集中法是指通过建立多个收款中心来加速现金流转的方法。企业指定一个主要开户行（通常是总部所在地）为集中银行，并在收款额较集中的地区设立若干个收款中心；客户收到账单后直接汇款到当地收款中心，收款中心收款后，立即存入当地银行；当地银行在进行票据交换后，立即转给企业总部所在地银行。该方法缩短了现金从客户到企业的中间周转时间，但在多处设立收款中心增加了相应的费用支出。

2. 现金支出管理

现金支出管理的关键是尽可能延缓现金的支出时间。

延期支付账款的方法一般有以下几种：合理利用现金浮游量、推迟支付应付款、采用汇票付款等。

（1）合理利用现金浮游量

现金浮游量是指企业账户上的现金余额与银行账户所列示的企业存款之间的差额。例如企业从开出支票，收票人收到支票并存入银行，到银行将款项划出企业账户，中间需要一段时间。在这段时间里，尽管企业已经开出支票，但仍然可以动用在活期存款账户上的这笔资金。

（2）推迟支付应付款

推迟支付应付款是指在企业不影响自己信誉的前提下，尽可能地推迟应付款项的支付。比如充分运用供货方提供的信用优惠，在资金紧急的情况下，甚至可以放弃供货方的现金折扣条件，将款项的支付推至信用期的最后一天。但是，在进行决策时还要考虑由于放弃现金折扣给企业带来的成本。

（3）采用汇票付款

在采用支票付款时，只要是受票人将支票存入银行，付款人就要无条件地付款；但汇票却同支票不一样，不是见票即付，因此就有可能合理合法地延期支付款项。

此外，在现金管理过程中，还要加强现金的综合管理，如建立健全现金内部控制制度、遵守现金收支的结算纪律，等等。

知识延伸

在美国，越来越多的公司执行财务总裁（CFO）反对高的现金结存。贝尔公司的执行财务总裁 Fred Salerno 就表示："合适的现金结存水平就是零，公司不能靠存储现金结存来赚钱。"据调查发现，保持低现金结存额的公司往往能保持高的收益回报率。但实际上，实现零现金结存是一个非常艰难的目标，需要和银行保持良好的信贷关系，以便随时能获得借款，否则企业将遭受巨大的财务风险。

任务 3　设计存货管理方案

任务描述

威盛公司 2022 年度生产需要丙材料 7 200 公斤[①]，每次订货成本 108 元，每公斤材料的储存成本 12 元，其他条件忽略。

根据要求，确定存货的成本、最佳经济订货批量及存货的日常管理，为公司设计一套最节省成本的采购方案。

扫描二维码

了解存货管理的目标

任务实施

知识准备

存货成本主要包括取得成本、储存成本和缺货成本三项内容。

1. 取得成本

取得成本是指为取得某种存货而付出的全部代价，它由购置成本和订货成本两部分组成。

（1）购置成本

购置成本即存货的进价，是存货本身的价值，数量上等于采购的单价与采购数量的乘积。

（2）订货成本

订货成本又称进货费用，是企业为组织进货而列支的费用。进货费用中一部分与订货次数无关，如常设采购机构的基本开支，这类固定的进货费用属于决策无关成本；进货费用中的另外一部分与订货次数有关，如差旅费等，这类变动的进货费用属于决策相关成本。

取得成本＝购置成本＋订货成本

＝购置成本＋固定订货成本＋变动订货成本

2. 储存成本

储存成本是指企业为持有存货在储存过程中发生的费用。其中一部分是固定储存成本，如仓储部门员工的工资、仓库的折旧费，这类成本属于决策无关成本；另一部分是变动储存成本，如存货资金的应计利息等，这类成本属于决策相关成本。

储存成本＝固定储存成本＋变动储存成本

---

① 1 公斤＝1 千克。

笔记

3. 缺货成本

缺货成本是指由于存货储存不足而造成的损失。具体表现在材料数量不足造成的停工损失、产成品数量不足造成的延迟发货的信誉损失及丧失销售机会损失等。若生产企业以紧急采购代用材料解决库存材料中断之急用，则缺货成本表现为紧急额外购入存货而超过正常开支的成本。当企业允许缺货时，缺货成本的大小与持有存货的数量成反方向变化，它是决策相关成本。

存货总成本＝取得成本＋储存成本＋缺货成本

 注意

企业因生产经营和降低成本的需要应当储存一定的存货。储存存货的确在降低缺货成本方面起到了一定作用，但同时也会增加储存成本和取得成本。设计存货管理方案，就是要在各种成本与效益之间进行权衡，以达到最佳的组合。

步骤一　设计存货最佳经济订货批量方案

知识准备

经济进货批量（即经济订货批量）基本模型在实施过程中以下列假设为前提，如图4-5所示。

图4-5　经济进货批量基本模型假设

经济进货批量，是指能够使一定时期存货的总成本达到最低点的进货数量。决定存货经济进货批量的成本因素主要包括变动进货费用（简称进货费用）、变动储存成本（简称储存成本）以及允许缺货时的缺货成本。通过上述分析，无论进货批量增加还是减少，相对应的成本都会彼此消涨，因此，如何协调好各成本之间的关系，使总成本最低，是企业组织进货过程中要解决的主要问题。

$$存货相关成本 = 变动进货费用 + 变动储存成本 = \frac{存货全年计划进货总量}{每次进货批量} \times 每次进货费用 + \frac{每次进货批量}{2} \times 单位存货年储存成本$$

假设下列符号：

Q——经济进货批量；

A——存货全年计划进货总量；

B——每次进货费用；

C——单位存货年储存成本；

TC——存货相关总成本。

$$TC = \frac{A}{Q} \times B + C \times \frac{Q}{2}$$

经过对上述公式求二阶导数，使 TC 达到最低值时，Q 的量即为经济进货批量。

经济进货批量：

$$Q = \sqrt{\frac{2AB}{C}}$$

经济进货批量的存货相关总成本：

$$TC = \sqrt{2ABC}$$

做一做

威盛公司 2022 年度所需丁材料全年计划采购总量 45 000 公斤，材料单价 100 元，每次采购费用为 180 元，每公斤材料平均保管费用为 20 元。

要求：计算该企业最佳经济订货批量及相关最小成本。

_____

_____

_____

步骤二 加强存货的日常管理

企业的存货从总体上来说，品种繁多，数量庞大。如果在管理控制时，做到面面俱到，显然不可能，因此需采用一定的方法予以控制管理。

1. ABC 分类法

ABC 分类法就是按照一定的标准，将企业的存货划分为 A、B、C 三类，分别实行分品种重点管理、分类别一般控制和按总额灵活掌握的存货管理方法。存货 ABC 分类的标准主要有两个：一是金额标准；二是品种数量标准。具体划分如下：

A 类存货的特点是金额巨大，但品种数量较少；

B 类存货金额一般，品种数量相对较多；

C 类存货品种数量繁多，但价值金额却很小。

存货 ABC 分类法如图 4-6 所示。

一般而言，三类存货的金额比重大致为 A：B：C = 7：2：1；而品种数量比重大致为 A：B：C = 1：2：7。由于 A 类存货占用着企业绝大多数的资金，只要能控制好 A 类存货，基本上就不会出现较大问题。同时由于 A 类存货品种数量较少，企业完全有能力按照每一个品种进行管理。B 类存货金额相对较小，企业不必像 A 类存货那样花费太多精力，同时，由于 B 类存货品种数量远远多于 A 类存货，一次可以通过划分类别的方式进行管理。C 类存货尽管品种数量繁多，但其金额所占比重很小，所以企业只要把握一个总金额就可以了。

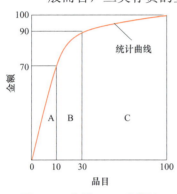

图 4-6 存货 ABC 分类法

2. 及时生产的存货系统

及时生产的存货系统（Just-in-just System）是指通过合理规划企业的产供销过程，使从原材料采购到产成品销售每个环节都能紧密衔接，减少制造过程中不增加价值的作业。即减少库存、消除浪费，从而降低成本，提高产品质量，最终实现企业效益最大化。

基本原理是，只有在使用之前才从供应商处进货，从而将原材料或配件的库存数量减少到最小；只有在出现需求或接到订单时才开始生产，从而避免产成品的库存。及时生产的存货系统要求企业在生产经营的需要与材料物资的供应之间实现同步，使物资传送与作业加工速度处于同一节拍，最终将存货降低到最小限度，甚至零库存。

其优点是降低库存成本，减少从订货到交货的加工等待时间，提高生产效率；降低废品率；缺点是一旦供应链破坏，可能企业不能在很短的时间内根据客户需求调整生产，企业生产经营的稳定性会受到影响，加大经营风险。

 知识延伸

近年来，存货的管理越来越复杂了。在某些行业的生产过程中采用了适时工作制（Just-In-Time，JIT）来控制存货。正如其字面意思一样，它是指在刚好需要时取得存货并投入生产。因此，在 JIT 管理理论下，存货的增加是由于销售的需要而不仅仅是生产的需要。海尔的张瑞敏说得好："要根据订单生产产品，没有订单的生产就是在生产积压品。"

 思政课堂

采购主管脑筋中的第一根弦就是存货管理。财务人员应恪尽职守，做好资产规划，保护公有财产不浪费、不流失，维护债权人、股东的权益，实现自我价值，实现企业的财务管理目标。

任务 4　设计应收账款管理方案

 任务描述

威盛公司 2021 年度生产的甲产品目前销量在当地市场份额占比较少，经公司领导研究，将目前 30 天的赊销期提升至 60 天，以扩大销售，提升市场占有份额，该公司要求的最低报酬率为 10%。

要求：通过应收账款的信用政策对企业的赊销业务作出财务可行性评价。

 任务实施

步骤一　设计应收账款管理方案

知识准备

> 应收账款是指企业在对外赊销产品、材料、供应劳务等而应向购货方或接受劳务单位收取的款项。随着经济的发展，使用商业信用的趋势逐渐增多，从而使应收账款在企业发挥着越来越大的作用，其作用主要有以下三点：一是扩大销售，提高销售额，增加利润；二是销售存货增加，从而降低库存，减少存货的积压和库存资金占用额，加快存货的周转；三是赊销除了向客户提供产品，还可以向其提供一笔在一定期限内无偿使用的资金。

（1）应收账款的机会成本

机会成本，是指应收账款会占用企业一定量的资金，若这部分资金没有被应收账款占用，便可以用于其他投资并可能获得收益，例如，投资债券获得利息收入。这种因投放于应收账款而放弃其他投资所带来的收益，即为应收账款的机会成本。这一成本的大小通常与企业维持赊销业务所需要的资金数量（即应收账款投资额）、资本成本率有关。

$$应收账款机会成本 = 赊销业务所需资金 \times 资本成本率$$

其中：

维持赊销业务所需要的资金 = 应收账款平均余额 × 变动成本率

$$应收账款平均余额 = \frac{年赊销额}{360} \times 平均收款天数$$

$$= 平均每日赊销额 \times 平均收账天数$$

（2）应收账款的管理成本

管理成本，是指对应收账款进行日常管理耗费的开支，主要包括对客户的资信调查费用、收集各种信息费用、应收账款账簿记录费用、收账费用、数据处理成本、相关管理人员成本和从第三方购买信用信息的成本等。

（3）应收账款的坏账成本

坏账成本，是指因应收账款无法收回而给企业带来的损失，这一成本的大小通常与应收账款的数量成正比例关系。为避免坏账成本给企业带来的损失，企业应从谨慎性原则考虑，合理地提取坏账准备。

$$坏账成本 = 赊销额 \times 预计坏账损失率$$

应收账款信用政策是指应收账款的管理政策，具体包括信用标准、信用条件、收账政策。

1. 信用标准

信用标准，是指客户获得企业商业信用所应具备的最低条件，如客户达不到信用标准，则其无法享用或较少享用企业提供的信用。企业信用标准制定的高低，直接影响企业的销售收入和销售利润。若信用标准制定的较高，仅对少数信用好的客户给予赊销待遇。其结果就是一方面坏账损失较小，应收账款的机会成本降低；另一方，也会丧失来自信用较差客户的销售收入和利润。若信用标准制定的较低，一方面，可以大大地提高企业的销售量、增加销售额；但是另一方面，应收账款的增加同时也会造成机会成本、坏账成本和收账费用的大幅度增加。因此，这就要求企业权衡得失，合理制定信用标准。

（1）信用的定性分析

信用的定性分析是指对顾客或客户质的方面的分析。通常使用的是"5C"方法，即"5C"信用评价系统，如表4-8所示。

扫描二维码
观看视频：
核心价值观

表 4–8 "5C" 信用评价系统

评价标准	具体内容
品质（Character）	指顾客或客户的诚实和正直表现，也是客户的信誉。通常要根据过去的情况结合现状调查来进行分析，它是应收账款的回收速度和回收数额的决定因素
偿债能力（Capacity）	指顾客或客户的偿债能力，即其流动资产与流动负债的比例。同时还应注意客户流动资产的质量，看看是否有存货过多、过时或质量下降，影响其变现能力和支付能力的情况
资本（Capital）	指顾客或客户的财务实力和财务状况，表明顾客可能偿还债务的背景。该指标主要是根据有关的财务比率来测定客户净资产的大小及其获利的可能性
抵押（Collateral）	指顾客或客户拒付款项或无力支付款项时能被用作抵押的资产，一旦收不到这些顾客的款项，便以抵押品抵补，这对于首次交易或信用状况有争议的顾客或客户尤为重要
条件（Condition）	指可能影响顾客或客户付款能力的经济环境，如顾客或客户在困难时期的付款历史、顾客或客户在经济不景气情况下的付款可能

（2）信用的定量分析

进行商业信用的定量分析可以从考虑顾客或客户的财务报表开始。通常使用比率分析法评价顾客或客户的财务状况。通常的指标有流动性和营运资本比率、债务管理和支付比率以及盈利能力指标。

企业掌握客户以上 5 个方面的状况并结合信用的定量分析后，基本上可以对客户的信用品质进行综合评估。对综合评价高的客户，可以适当放宽标准，而对综合评价低的客户，就要严格信用标准，甚至可以拒绝提供信用，以确保经营安全。

2. 信用条件

当企业根据信用标准决定给客户信用优惠时就需要考虑具体的信用条件。信用条件是指企业接受客户信用订单时所提出的付款条件。一般来说，企业的信用条件是遵循本行业的惯例给出的，它是基于一定的外部经济环境，在充分考虑到本企业自身资金实力的情况下，本着提高最终效益和增强竞争力的思想确定的。给客户的信用条件如何，直接影响甚至决定着企业应收账款的持有水平和规模。

信用条件主要包括信用期限、折扣期限和现金折扣率等。

（1）信用期限

信用期限是指企业允许客户从购货到支付货款的时间间隔，企业产品的销售量与信用期限之间存在着一定的依存关系。通常延长信用期限，可以在一定程度上扩大销售量，增加销售利润；但相反，过分地延长信用期，会给企业带来不良的后果：一是会使企业占用在应收账款的资金增加，继而增加应收账款的机会成本；二是会增加企业坏账损失和收账费用。因此，企业是否给客户延长信用期限,应分析延长信用期限增加的销售利润是否会超过增加的成本费用。

做一做

威盛公司2021年度生产销售甲产品,企业要求的资本成本率为10%,公司应收账款相关资料汇总如表4-9所示。

表4-9 公司应收账款相关资料汇总

信用期	30天	60天
销售量/件	10 000	12 000
销售额(单价5元)/元	50 000	60 000
变动成本(每件4元)/元	40 000	48 000
边际贡献总额/元	10 000	12 000
固定成本/元	5 000	5 000
收益/元	5 000	7 000
可能发生的坏账损失/元	500	650
可能发生的收账费用/元	3 000	4 000

要求:根据上述资料选择对企业有利的信用期。

教你一招

> 企业是否给客户延长信用期限,主要看延长信用期限增加的销售利润是否超过增加的成本费用。

(2)折扣期限和现金折扣率

信用期限的延长会导致应收账款机会成本和坏账成本及收账费用的增加,企业为了尽早收回资金,减少机会成本、坏账损失和收账费用,会提高资金周转率,就是在信用期限的基础上提出现金折扣优惠条件,即鼓励购买方在信用期内早日付款并给予一定折扣,它是一种催账手段。

现金折扣的条件通常写成"现金折扣/折扣期限,n/偿付期限",如"3/20,1/30,n/50","3/20"的含义是指在20天内付款,可享受3%的折扣;"1/30

的含义是指 21 天以上 30 天以内付款，可享受 1%的折扣；"n/50"的含义是指允许赊账的最长时间为 50 天，且 31 天以上到 50 天以内付款，则不享受现金折扣优惠，按原价付款。现金折扣实质上是对现金收入的扣减，在信用条件优惠选择中，现金折扣条款能降低机会成本、管理成本和坏账成本，但是同时也会付出一定代价，即现金折扣成本。其金额计算如下：

现金折扣成本＝赊销净额×折扣期内付款的销售额比例×现金折扣率

做一做

仍以前面案例为例，若威盛公司在采用 60 天信用期限的同时，为及早收回货款，向客户提供"2/20、n/60"的现金折扣，预计将有 40%的客户在折扣期内付款，而收账费用和坏账损失均会比信用期限 60 天下降 5%。

要求：判断该企业是否向客户提供现金折扣。

_____

_____

_____

思政课堂

> 如何及时回款是应收账款管理的核心问题，所以，财务人员要提高对企业流动资产管理的意识，了解企业日常运营管理的规律，加强沟通能力和解决实际问题的能力，培养锲而不舍的精神和抗压能力，增强社会责任感和使命感。

教你一招

> 企业决定是否提供现金折扣，应重点分析提供折扣后所增加的利润是否大于增加的机会成本、管理成本、坏账成本和折扣成本之和。

3. 收账政策

收账政策是指信用条件被违反时，企业采取的收账策略。如果企业采取较积极的收账政策，可能会减少应收账款投资，减少坏账损失，但要增加收账费用。如果采取比较消极的收账政策，则可能会增加应收账款投资，增加坏账损失，但会减少收账费用。企业需要作出适当的权衡，一般来说，可以参照评价信用标准、信用条件的方法来评价收账政策。

步骤二 加强应收账款日常管理

应收账款的管理难度比较大，在确定合理的信用政策之后，还要做好应收账款的日常管理工作，包括对客户的信用调查和分析评价、应收账款的催收工作，等等。

1. 调查客户信用

信用调查是指收集和整理反映客户信用状况有关资料的工作。信用调查是企业应收账款日常管理的基础，是正确评价客户信用的前提条件。

2. 评估客户信用

收集好信用资料后，一般采用"5C"信用评价系统对这些资料进行分析、评价，并对客户信用等级进行划分。一种是三类九等，即将企业的信用状况分为 AAA、AA、A、BBB、BB、B、CCC、CC、C 共三类九等，其中 AAA 为信用最优等级，C 为信用最低等级；另一种是三级制，即分为 AAA、AA、A 三个信用等级。

3. 收账的日常管理

企业对客户的货款催收应遵循"有理、有利、有节"的原则。对超过信用期限不长的客户，宜采用电话、发送信函等方式提醒对方付款；对久拖不还的客户，应具体调查分析欠款不还的原因，若客户真是无力归还，应与其进行沟通协商，寻求解决问题的理想办法，如进行债务重组等；若客户蓄意抵赖，品质恶劣，则应加强催款力度，直至诉诸法律，并将该客户从信用名单中删除。一般而言，企业发生应收账款后，应采取各种措施尽量争取按期收回款项。企业对拖欠的应收账款，采用一定方式进行催收并付出的一定代价，即为收账费用。收账费用的增加会减少坏账成本的发生。

自我测试

1. 一个投资方案，年销售收入 300 万元，销售成本 210 万元，折旧 85 万元，所得税税率为 25%，该方案年现金净流量为（   ）万元。
   A. 90   B. 152.5   C. 175   D. 67.5

2. 下列各项中，不属于投资项目现金流出量内容的是（   ）。
   A. 固定资产投资   B. 折旧与摊销
   C. 无形资产投资   D. 新增经营成本

3. A 企业投资 20 万元购入一台设备，无其他投资，没有建设期，预计使用年限为 20 年，无残值。设备投产后预计每年可获得净利 3 万元，则该投资的静态投资回收期为（   ）年。
   A. 5   B. 3   C. 4   D. 6

4. 如果甲、乙两个投资方案的净现值相同，则（   ）。

A. 甲方案优于乙方案

B. 乙方案优于甲方案

C. 甲方案与乙方案均符合项目可行的必要条件

D. 无法评价甲、乙两个方案的经济效益高低

5. 某投资项目在建设期内投入全部原始投资,该项目的现值指数为1.25,则该项目的净现值率为(　　)。

A. 0.25　　　　B. 1.25　　　　C. 0.125　　　　D. 12.5

6. 如果某投资方案的净现值为正数,则这一方案的(　　)。

A. 投资回收期在一年以内

B. 现值指数大于1

C. 投资报酬率高于100%

D. 年均现金净流量大于原始投资额

7. 若 $NPV<0$,则下列关系式中不正确的有(　　)。

A. $NPVR>0$　　B. $NPVR<0$　　C. $PI<1$　　D. $IRR<i$

8. 当贴现率是10%时,某项目的净现值是500元,说明该项目的内含报酬率(　　)。

A. 高于10%　　B. 低于10%　　C. 等于10%　　D. 无法界定

9. 某投资项目计算期为5年,净现值为10 000万元,行业基准折现率为10%,5年期、折现率为10%的年金现值系数为3.791,则该项目年等额净回收额约为(　　)万元。

A. 2 000　　　　B. 2 638　　　　C. 37 910　　　　D. 50 000

10. 某投资方案贴现率为16%时,净现值为6.12;贴现率为18%时,净现值为-3.17,则该方案的内含报酬率为(　　)。

A. 14.68%　　B. 17.32%　　C. 18.32%　　D. 16.68%

11. 下列选项中,(　　)同货币资金持有量成正比例关系。

A. 转换成本　　　　　　B. 机会成本

C. 货币资金的短缺成本　　D. 管理费用

12. 在存货分析模式下,最佳货币资金持有量是使(　　)之和保持最低的现金持有量。

A. 机会成本与短缺成本

B. 短缺成本与转换成本

C. 现金管理的机会成本与固定转换成本

D. 现金管理的机会成本与变动转换成本

13. 某企业每月现金需要量为250 000元,现金与有价证券的每次转换金额和转换成本分别为50 000元和40元,其每月现金转换成本为(　　)元。

A. 200　　　　B. 1 250　　　　C. 40　　　　D. 5 000

14. 某企业持有短期有价证券,主要是为了维持企业资产的流动性和(　　)。

A. 企业良好的信用地位

B. 企业资产的收益性
C. 正常情况下的货币资金需要
D. 非正常情况下的货币资金需要

15. 通常情况下，企业持有货币资金的机会成本（　　）。
A. 与货币资金余额成反比　　　B. 等于有价证券的利息
C. 与持有时间成反比　　　　　D. 是决策的无关成本

16. 假定某企业每月现金需要量为 160 000 元，现金和有价证券的转换成本为 30 元，有价证券的月利率为 0.6%，则该企业最佳现金余额为（　　）元。
A. 80 000　　　B. 40 000　　　C. 20 000　　　D. 160 000

17. 存货 ABC 分类法中对存货划分的最基本标准为（　　）。
A. 金额标准　　　　　　　　　B. 品种数量标准
C. 重量标准　　　　　　　　　D. 金额与数量标准

18. 某企业全年需要 A 材料 3 600 吨，单价 100 元/吨，目前每次进货量和进货成本分别为 600 吨和 400 元，则该企业每年存货进货成本为（　　）元。
A. 4 800　　　B. 1 200　　　C. 3 600　　　D. 2 400

19. 经济进货批量基本模型所依据的假设不包括（　　）。
A. 所需存货市场供应充足　　　B. 存货价格稳定
C. 仓储条件不受限制　　　　　D. 允许缺货

20. 决定存货经济进货批量的成本因素主要包括（　　）。
A. 购置成本　　　　　　　　　B. 变动储存成本
C. 固定储存成本　　　　　　　D. 允许缺货时的缺货成本

21. 对及时生产的存货系统描述，不正确的有（　　）。
A. 只有出现需求或产生订单时才开始生产
B. 降低库存成本
C. 当供应链断裂后企业会很快根据客户需求调整生产
D. 提高生产效率，降低废品率

22. 下列（　　）属于应收账款的机会成本。
A. 对客户的资信调查费用　　　B. 收账费用
C. 坏账损失　　　　　　　　　D. 应收账款占用资金的应计利息

23. 下列各项中，不属于信用条件构成要素的是（　　）。
A. 信用期限　　　　　　　　　B. 现金折扣
C. 折扣期限　　　　　　　　　D. 商业折扣

24. 对现金折扣的表述，正确的是（　　）。
A. 又叫商业折扣
B. 折扣率越低，企业付出的代价越高
C. 目的是加快账款的回收
D. 为了增加利润，应当取消现金折扣

25. 在其他因素不变的情况下，企业采用积极的收账政策，可能导致的后果是（   ）。
    A. 坏账损失增加　　　　　　　B. 应收账款投资增加
    C. 收账费用增加　　　　　　　D. 平均收账期延长

26. 下列不属于应收账款管理成本的是（   ）。
    A. 信用调查费用　　　　　　　B. 记录分析费用
    C. 收账人员工资　　　　　　　D. 催收账款费用

27. 下列各项中不属于信用政策的是（   ）。
    A. 信用标准　　　　　　　　　B. 信用条件
    C. 现销政策　　　　　　　　　D. 收账政策

28. 在下列费用中，属于应收账款机会成本的有（   ）。
    A. 因投资于应收账款而丧失投资于其他方面获得的收益
    B. 对顾客信用进行调查而支出的调查费用
    C. 收账费用
    D. 坏账损失

29. 信用条件为"2/10，n/30"，有40%的客户选择现金折扣优惠，则平均收账期为（   ）天。
    A. 24　　　　B. 26　　　　C. 22　　　　D. 18

30. 某企业规定的信用条件是"5/10，2/20，n/30"，一客户从该企业购入原价为 10 000 元的原材料，并于第 15 天付款，该客户实际支付的货款是（   ）元。
    A. 9 800　　　B. 9 900　　　C. 10 000　　　D. 9 500

学习成果测评

1. 威盛公司 2022 年度有两个投资方案，甲方案假定在报废时有残值 10 万元，乙方案无残值，企业要求的资本成本率为 10%。有关资料如表 4-10 和表 4-11 所示。

表 4-10　甲方案有关资料　　　　　　　　　　　万元

时间	年净利润	年折旧额	净现金流量	累计净现金流量
0			-1 000	-1 000
1	50	200	250	-750
2	100	200	300	-450
3	150	200	350	-100
4	200	200	400	300
5	260	200	460	760

表 4-11 乙方案有关资料　　万元

时间	年净利润	年折旧额	净现金流量	累计净现金流量
0			-1 000	-1 000
1	100	250	350	-650
2	100	250	350	-300
3	100	250	350	50
4	100	250	350	400
5	100	250	350	750

要求：计算两个投资方案的净现值、净现值率及现值指数，对两个方案进行对比，确定最佳方案。

2. 某企业现金收支状况稳定，全年预计资金需求量为 10 万元，现金与有价证券每次的转换成本为 800 元，有价证券的年均收益率为 10%。

要求：

（1）计算最佳现金持有量；

（2）计算最低的相关总成本；

（3）计算转换成本和机会成本；

（4）计算有价证券的交易次数及有价证券的交易间隔期。

3. 某企业只生产销售一种 A 产品。每年的赊销额为 2 400 万元，该企业产品变动成本率为 60%，资金利润率为 5%。现在有两种收账政策可供选择，相关资料如表 4-12 所示。

表 4-12 企业应收账款相关资料　　万元

项目	甲政策	乙政策
平均收账期	60	45
应收账款平均余额		
收账成本：	—	—
应收账款机会成本		
坏账损失		
年收账费用	18	32
收账成本合计		

已知：在甲政策下预计 30% 的客户（按赊销额计算，下同）的拒付风险系数为 0，50% 的客户拒付风险系数为 5%，20% 的客户拒付风险系数为 10%；在乙政策下，预计 50% 的客户拒付风险系数为 0，30% 的客户拒付风险系数为 5%，20% 的客户拒付风险系数为 10%。（一年按 360 天计算）

要求：
（1）计算并填列表 4–12 中的空白部分，在表 4–12 中列出计算过程。
（2）对上述收账政策进行决策。
附：学习成果测评标准（表 4–13）

表 4–13　学习成果测评标准　　　　　　　　　　　　%

评价方式	准确性	规范性	参与度	合计
学生自评		10		10
小组互评		10		10
组内评价			10	10
教师评价	60	10		70
合计	60	30	10	100

项目五
成本控制与考核业绩

 项目导读

成本控制（也叫控制成本）是指对经营过程中发生的各类成本制定成本限额，按限额开支成本和费用，将发生的实际成本和预定的成本限额进行比较，计算差异，找出原因，并以例外管理的原则对不利差异采取措施，以降低成本、提高经济效益为目的的一种管理活动。

成本控制的过程是对企业在生产经营过程中发生的各种耗费进行计算、调节和监督的过程，同时也是一个发现薄弱环节，挖掘内部潜力，寻找一切可能降低成本途径的过程。科学地组织实施控制成本，可以促进企业改善经营管理，转变经营机制，全面提高企业竞争力，使企业在市场竞争中不断发展、壮大。

扫描二维码

观看动画：如何增收节支

三维目标

笔记

知识目标	☐ 掌握制定标准成本的方法 ☐ 掌握评定企业绩效的方法
能力目标	☐ 能够计算与分析成本差异 ☐ 能够对差异进行账务处理
素质目标	☐ 树立责任会计意识 ☐ 形成节约资源、控制成本与总结提升的习惯

 **项目实施**

任务 1　控制标准成本

 任务描述

威盛公司为加强对成本的管控，拟制定标准成本，请结合生产实际情况，分别制定直接材料、直接人工、变动制造费用、固定制造费用的标准成本，编制产品标准成本卡。根据实际发生的成本情况，完成成本差异分析，并进行成本差异的账务处理。

 **相关知识**

成本控制的定义及程序

1. 成本控制的定义

成本控制是成本管理者根据预定的成本目标，对成本发生和形成过程中可能影响成本的各因素条件进行影响和干预，以发现和纠正偏差，实现预定成本目标的成本管理活动。

成本控制有广义和狭义之分。广义的成本控制包括**事前控制**、**事中控制**和**事后控制**三部分。**事前控制**是指在经济业务发生前，根据有关资料进行分析、预测，制定出相应的措施，使经济业务朝着预期的方向发展。例如，对开发新产品成本的控制，在产品尚未开始生产之前，就应根据该产品的特点、结构、所耗材料和工时等情况，制定出相应的消耗定额等资料，以使成本控制在最低的水平上。**事中控制**即狭义的成本控制，它是指在成本形成过程中对成本开支等所进行的控制。其主要任务是防止实际成本超过预定的成本范围。但是，实际业务中会出现种种预先并不能完全预料的突发事件或意外事件，所以，在经济业务进行当中，应根据已发生的经济业务，分析其今后的发展趋势，及时发现问题并采取有效的措施予以解决，以不断纠正实际业务中所出现的偏差，最终实现成本控制的目标。**事后控制**是指在经济业务完成后，将实际执行的结果等信息资料与预定的目标进行对比，提出进一步改进的措施，促使被控目标顺利完成的过程。事中控制是在经济业务并未完成时进行的，它起着预防本期偏差发生的作用，而事后控制是在经济业务发生之后进行的，它起着预防下期偏差发生的作用。事后控制着眼于将来工作的改进,是为了避免不合理的支出和损失的重新发生,并为未来的成本管理工作指出努力的方向。

2. 成本控制的程序

成本控制的程序一般包括制定标准、执行标准和业绩考评三个环节。

(1) 制定标准

制定标准是指确定生产过程各阶段、各部门、各环节的成本费用标准、目标、预算或定额,对各种资源消耗和各项费用开支规定数量界限,用以作为评价实际耗费是否合理的依据。制定成本控制标准是成本控制的起点,属于事前控制。成本控制标准是衡量产品成本及构成项目应该达到的要求,是成本控制的重要环节,也是企业进行成本分析和评价的重要依据。在实际工作中,成本控制标准应根据成本形成的阶段和内容的不同加以具体确定,可以有多种选择,比较常用的有标准成本、弹性预算和责任成本等。

(2) 执行标准

执行标准是指在经营活动过程中根据事先制定的标准,控制各项消耗和支出,把差异控制在允许的范围内。成本执行标准属于事中控制,其具体操作可以分为两个阶段:一是将成本控制目标(标准)层层分解,具体落实到每个岗位、每个人身上,责权利相结合,调动企业员工全体参与成本控制的积极性和主动性;二是通过实际成本与成本控制标准比较,进行成本控制信息的反馈,及时揭示偏差,以便确定成本的节约与浪费,分析成本超支或节约的原因,确定责任归属。因此,执行标准主要依据成本信息的及时反馈和数据的统计分析,以及严格的责任制,同时需要全员控制和全方位控制。

(3) 业绩考评

业绩考评是指定期进行差异分析和责任归属的判断,对成本目标和标准的执行情况作出评价。通过业绩考评,既能做到奖优罚劣,促进成本责任部门不断改进工作,降低成本;又可以发现目前成本控制工作中存在的问题,总结经验,防止不利因素的重复发生,为修订标准提供可靠的资料,使成本控制更加科学。

 想一想

以亡羊补牢(图 5-1)的故事为例,分析事前控制、事中控制和事后控制有什么关系?

图 5-1　亡羊补牢

任务实施

步骤一　制定标准成本

知识准备

标准成本法

标准成本法，是指企业以预先制定的标准成本为基础，通过实际成本与标准成本的比较，计算和分析成本差异，揭示成本差异的动因，进而实施成本控制，评价经营业绩的一种成本管理方法。

因为标准成本是日常成本控制的目标，是与实际成本相比较从而计算差异的依据，其合理与否直接影响到成本控制的效果分析，所以，标准成本的制定要遵循科学性、客观性、正常性和稳定性等原则。所谓科学性和客观性，就是指标准成本要根据客观实际，用科学的方法去制定。所谓正常性，就是指标准成本要按正常条件去制定，不考虑不能预测的异常变动。所谓稳定性，就是指标准成本一经制定，不能随意变动，应保持它的稳定性。管理人员在制定标准成本时，通常有以下几项标准可供选择：

（1）理想标准成本

理想标准成本是指在最理想（最佳）的经营状态下的成本。它是在排除一些失误、浪费、低效率的情况下制定的。该标准由于太完美，一般情况下，企业员工无论如何努力都达不到这个标准，会严重挫伤员工的积极性，可能会促使他们采取降低产品质量等一些不合理手段达到这一标准，最终会影响到企业的经营效果。因此，这种标准在实际生活中很少采用。

（2）历史标准成本

历史标准成本是指根据企业过去一段时间实际成本的平均值，剔除生产经营过程中的异常因素，并结合未来的变动趋势而制定的标准成本。在经济形势保持稳定的情况下，可以使用历史标准成本。但是随着科学技术的快速发展，劳动生产率的不断提高，原有的历史标准成本会逐渐过时，难以在成本管理中发挥应有的作用。

（3）现实标准成本

现实标准成本也是正常的标准成本，它是在现有的生产技术水平和正常生产经营能力的前提下应达到的标准。该标准包括了正常的原材料浪费、机器的偶然故障、人员闲置与失误等，因此它是一种经过努力可以达到的既先进合理，又切实可行的比较接近于实际的成本，因而被广泛采用。

 想一想

务实对会计工作有什么样的要求？

扫描二维码

观看动画：
了解务实

1. 制定直接材料标准成本

直接材料是指可以直接归属于某种产品、构成该产品实体的原材料及主要材料。

直接材料标准成本是指直接用于产品生产的材料成本标准，包括直接材料用量标准（也叫标准用量、数量标准）和直接材料价格标准（也叫标准价格）两个方面。

（1）直接材料用量标准

直接材料用量标准是指在现有生产技术条件和正常经营条件下，生产单位产品所耗用的各种直接材料的数量，通常包括构成产品实体材料数量、生产中的必要消耗量，以及不可避免的废品所耗费的材料数量等。

直接材料用量标准一般应由生产技术部门制定，生产技术部门应根据各种产品的设计、零部件构成和工艺流程，结合企业生产经营管理情况、企业成本控制要求，考虑材料在使用过程中发生的必要损耗，并按照产品的零部件分别制定各种原料及主要材料的消耗标准。如果产品为首次生产的新产品，应根据产品设计所要求的材料质量、规格型号等逐项分析；如为以前生产过的产品，则可以在前期资料的基础上调整修订。在定额制度健全的企业，也可以依据材料消耗定额确定用量标准。

（2）直接材料价格标准

直接材料价格标准是指生产产品所需要的各种材料的标准价格，它应当在以往购货合同材料采购价格的基础上，结合未来可能发生的各种变动确定，包括材料的买价和运杂费等采购费用，是企业编制的材料计划价格，即标准单价。

直接材料价格标准通常由采购部门负责，会同财务部门、生产部门等部门，在考虑市场价格的变动和发展趋势，以及材料的订货批量和运输方式等因素的基础上综合确定。

直接材料标准成本等于单位产品所需用的各种直接材料用量标准与各自的价格标准的乘积之和。即

直接材料标准成本=Σ（直接材料用量标准×直接材料价格标准）

计算直接材料标准成本如图 5-2 所示。

图 5-2　计算直接材料标准成本

做一做

威盛公司根据甲产品所耗费 A、B 两种材料的情况，编制甲产品的直接材料标准成本，如表 5-1 所示。

表 5-1　威盛公司直接材料标准成本（甲产品）

标准	A 材料	B 材料
价格标准/元： 发票单价 运输费等 每千克标准价格	14.00 1.50	30.00 2.30

续表

标准	A 材料	B 材料
用量标准/千克： 正常用量 预计损耗量 单位产品标准用量	20.00 3.00	25.00 2.00
单位产品直接材料标准成本/元		

2. 制定直接人工标准成本

直接人工是指可以直接归属到某产品、为制造该产品而直接发生的人员薪酬。直接人工标准成本是指直接用于产品生产的人工成本标准，包括直接人工用量标准和直接人工价格标准两部分。直接人工用量标准是指工时标准；直接人工价格标准是指标准工资率。

（1）制定直接人工用量标准

直接人工用量标准指在现有技术水平和生产条件下，生产工人每生产一个单位产品所需耗用的工时，包括直接加工产品所耗用的工时、必要的停工工时，以及不可避免产生的废品所耗费的工时等。

直接人工用量标准通常由劳资部门和生产技术部门采用技术测定法和统计调查法共同确定，计算过程中要充分考虑员工的平均技术水平，并且要按照产品加工工序分别计算，然后按产品分别汇总确定。

（2）制定直接人工价格标准

直接人工价格标准即直接人工标准工资率，是指单位直接人工工时应获取的人工费用，包括生产工人的工资及根据工资计提的其他职工薪酬。

直接人工价格标准通常由劳资部门会同财会部门，按照工种或作业性质分别确定。

教你一招

直接人工价格标准，可以是正常的工资率，也可以是预定的工资率。

如果采用计件工资制，直接人工标准工资率是预计的每件产品支付的人工工资额除以标准工时；如果采用月薪制，需根据月工资总额除以可用工时总量来计算直接人工标准工资率。

企业也可以采用预定的工资率，即预定的小时工资。

直接人工用量标准和直接人工价格标准确定后，即可以计算出直接人工标准成本，即

直接人工标准成本=Σ（直接人工用量标准×直接人工价格标准）
=Σ（直接人工工时标准×直接人工标准工资率）

如果产品加工需要不同工艺，从而需要不同的工人进行加工，其单位产品直接人工标准成本则等于生产单位产品的各项作业的工时标准与各自的标准工资率乘积之和，用公式表示为：

直接人工标准成本=Σ（各项作业工时标准×相应的标准工资率）

 做一做

威盛公司根据甲产品所耗费人工的情况，编制甲产品的直接人工标准成本，如表5-2所示。

表5-2 威盛公司直接人工标准成本（甲产品）

小时工资率	第一车间	第二车间
直接生产工人人数/人	20	50
平均每人每月工时/小时	180	180
每月总工时/小时		
每月人工总额/元	32 400	112 500
每小时人工费用/元		
单位产品工时/小时：		
理想作业时间	1.5	0.7
调整设备时间	0.2	—
工间休息	0.1	0.1
其他	0.2	0.2
单位产品工时合计	2	1
单位产品直接材料标准成本/元	18.00	12.50
	30.50	

3. 制定制造费用标准成本

制造费用标准成本需要先按照部门分别编制，然后再将同一产品所涉及的各部门单位制造费用标准加以汇总，得出整个产品制造费用标准成本。由于制造费用按照其性态可分为变动成本和固定成本两部分，所以制造费用标准成本也需要分别编制变动制造费用标准成本和固定制造费用标准成本。

制造费用标准成本同样也由制造费用价格标准和制造费用用量标准构成。

（1）制定变动制造费用标准成本

在变动成本法下，固定制造费用视为期间费用，不计入产品成本。因此，单位产品的标准成本中只包含变动制造费用的标准成本。企业不需要制定固定制造费用的标准成本，固定制造费用的控制通过预算管理来进行。

企业需要分别确定变动制造费用价格标准和变动制造费用用量标准，再计算变动制造费用标准成本。

变动制造费用的价格标准是指每一单位工时应负担的变动制造费用，它应根据变动制造费用预算和标准工时预算计算求得，即：

变动制造费用标准分配率=变动制造费用预算/标准工时预算

变动制造费用的用量标准是生产单位产品所需的工时，通常采用单位产品直接人工工时标准，也有企业采用设备台时，或是单位产量的燃料、动力等标准用量。

作为数量标准的计量单位，工时标准应尽可能与变动制造费用保持较好的线性关系。

确定变动制造费用用量标准和变动制造费用价格标准之后，两者相乘即可得出变动制造费用标准成本，其计算公式为：

变动制造费用标准成本=变动制造费用价格标准×用量标准

各车间变动制造费用标准成本确定之后，即可汇总出单位产品的变动制造费用标准成本。

威盛公司根据制造费用预算情况，编制甲产品的变动制造费用标准成本，如表5-3所示。

表5-3 威盛公司变动制造费用标准成本（甲产品）

成本项目	第一车间	第二车间
变动制造费用预算/元：		
运输	1 200	1 500
电力	2 000	2 000
物料消耗	1 300	1 500
间接人工	3 500	4 600
其他	1 000	1 200
合计		

续表

成本项目	第一车间	第二车间
生产量标准人工工时/小时	3 600	9 000
变动制造费用标准分配率		
单位产品直接人工标准工时/小时	2	1
单位产品标准变动制造费用/元		

（2）制定固定制造费用标准成本

在完全成本法下，固定制造费用要计入产品成本，制造费用预算需要分别编制变动制造费用预算和固定制造费用预算。

固定制造费用预算可参照历史资料并考虑预期生产力的利用程度加以估计。

固定制造费用标准成本也需要通过分别确定固定制造费用价格标准和固定制造费用用量标准来制定。

固定制造费用价格标准是其每小时的标准分配率，它根据固定制造费用预算和预算的标准总工时计算求得，即：

固定制造费用标准分配率＝固定制造费用预算/标准工时预算

固定制造费用用量标准与变动制造费用用量标准相同，可以采用直接人工工时、机器工时、其他用量标准等，并且两者要保持一致，以便进行差异分析。这个标准用量与制定直接人工标准用量的方法类似。

确定固定制造费用用量标准和固定制造费用价格标准之后，两者相乘即可得出固定制造费用标准成本，其计算公式为：

固定制造费用标准成本＝固定制造费用价格标准×用量标准

各车间固定制造费用标准成本确定之后，可汇总出单位产品的固定制造费用标准成本。

做一做

威盛公司根据制造费用预算情况，编制甲产品的固定制造费用标准成本，如表5-4所示。

表 5-4　威盛公司固定制造费用标准成本（甲产品）

成本项目	第一车间	第二车间
固定制造费用/元： 折旧费 管理人员工资 保险费 其他 合计	1 200 1 900 300 200	5 200 4 800 2 300 1 200
生产量标准人工工时/小时 固定制造费用标准分配率 单位产品直接人工标准工时/小时	3 600 2	9 000 1
单位产品标准固定制造费用/元		

4. 制定单位产品标准成本

制定出以上各成本项目的标准成本后，将各项目标准成本进行汇总，即可确定**单位产品的标准成本**。通常，企业可编制标准成本卡，标准成本卡中应分别列明上述各成本项目的价格标准和用量标准，通过直接汇总的方法得出最终单位产品的标准成本。

做一做

威盛公司根据直接材料标准成本、直接人工标准成本、变动制造费用标准成本、固定制造费用标准成本情况，编制甲产品标准成本卡，如表 5-5 所示。

表 5-5　威盛公司单位产品标准成本卡（甲产品）　　　　元

成本项目	用量标准	价格标准	标准成本
直接材料： A 材料 B 材料 合计	 —	 —	
直接人工： 第一车间 第二车间 合计			

续表

成本项目	用量标准	价格标准	标准成本
制造费用： 变动费用（第一车间） 变动费用（第二车间） 合计 固定费用（第一车间） 固定费用（第二车间） 合计	 — — — 	 — — — 	
单位产品标准成本总计			

步骤二　计算与分析成本差异

 知识准备

成本差异的类型

（1）按照差异构成内容的不同分类

按照差异构成内容的不同分类，成本差异可分为总差异、直接材料成本差异、直接人工成本差异、变动制造费用差异和固定制造费用差异。

总差异，是产品的实际总成本与标准总成本之间的差异额，能够概括反映企业成本管理工作的总体情况。

直接材料成本差异，是耗用的直接材料实际成本与其标准成本之间的差异额。

直接人工成本差异，是耗用的直接人工实际成本与其标准成本之间的差异额。

变动制造费用差异，是耗用的变动制造费用实际成本与其标准成本之间的差异额。

固定制造费用差异，是耗用的固定制造费用实际成本与其标准成本之间的差异额。

（2）按照差异的形成过程分类

按照差异的形成过程分类，成本差异可以分为价格差异和用量差异。

笔记

用量差异，是反映由于直接材料、直接人工和变动制造费用等要素实际用量消耗与标准用量消耗不一致而产生的成本差异，用公式表示如下：

用量差异=（实际用量－标准用量）×标准价格

价格差异，是反映由于直接材料、直接人工和变动制造费用等要素实际价格水平与标准价格水平不一致而产生的成本差异，用公式表示如下：

价格差异=（实际价格－标准价格）×实际用量

（3）按照成本差异是否可以控制分类

按照成本差异是否可以控制分类，成本差异可分为可控差异与不可控差异。

可控差异，是指经主观努力可以改变其数值的差异，又叫作主观差异。它是成本差异控制的重点所在。

不可控差异，是指与主观努力程度关系不大，主要受客观原因影响而形成的差异，又称为客观差异。

划分可控差异和不可控差异有利于调动有关方面进行成本控制的积极性，有利于成本指标的考核和评价。

（4）按照成本差异的性质分类

按照成本差异的性质分类，成本差异可以分为有利差异与不利差异。

有利差异，是指因实际成本低于标准成本而形成的节约差。

不利差异，是指因实际成本高于标准成本而形成的超支差。

企业应当采取措施，消除不利差异，发展有利差异，不断降低成本，提高经济效益。

1. 直接材料成本差异的计算分析

教你一招

成本差异计算分析的基本模型

在知识准备中，按照不同的分类标准将成本差异进行了分类，这些成本差异在成本差异计算分析过程中需要结合应用。在实务中，为便于对成本差异的定量分析，通常将成本差异分解为价格差异和用量差异两个因素，分别计算成本差异额，进行因素分析。

价格差异，是由实际价格和标准价格之间的差异所引起的，其计算建立在实际投入数量的基础上，计算模型如下：

价格差异=（实际用量×实际价格）－（实际用量×标准价格）
　　　　=（实际价格－标准价格）×实际用量

用量差异，是由于实际产量上的实际用量和实际产量上允许的标准用量之间的差异所引起的，其计算建立在标准价格的基础上，计算模型如下：

用量差异=（实际用量×标准价格）－（标准用量×标准价格）
　　　　=（实际用量－标准用量）×标准价格

? 想一想

求真（图 5-3）对会计工作有什么样的要求？

图 5-3　求真

扫描二维码

了解求真

📖 笔记

直接材料成本差异，是指在实际产量下，直接材料实际总成本与直接材料标准总成本之间的差额。

（1）直接材料成本差异的计算

按照差异形成的原因，直接材料成本差异可以进一步分解为以下两种差异：一是实际材料用量脱离标准用量而形成的材料用量差异；二是材料实际价格脱离标准价格而形成的材料价格差异。

① 直接材料成本差异的计算。

直接材料成本差异=直接材料实际成本－直接材料标准成本

=直接材料用量差异+直接材料价格差异

② 直接材料用量差异的计算。

直接材料用量差异=（材料实际用量×材料标准价格）－

（材料标准用量×材料标准价格）

=（材料实际用量－材料标准用量）×材料标准价格

③ 直接材料价格差异的计算。

直接材料价格差异=（材料实际用量×材料实际价格）－

（材料实际用量×材料标准价格）

=（材料实际价格－材料标准价格）×材料实际用量

做一做

威盛公司生产乙产品耗用 F 材料。本期生产乙产品 200 件，耗用 F 材料 1 000 千克，F 材料的实际价格为每千克 100 元。假设 F 材料的标准价格为每千克 110 元，甲产品的单位标准用量为 4.8 千克 F 材料。

试计算直接材料成本差异（含成本差异、用量差异、价格差异）。

(2) 直接材料成本差异的原因分析

直接材料价格差异是在采购过程中形成的，其产生原因主要有以下几种：材料的市场价格发生了较大波动；编制的材料采购价格预算不符合实际情况；企业未按经济订货批量组织进货；存货短缺引发紧急订货，使材料的购进价格和运费上涨；运输途中出现问题，致使运费和途中消耗增加等。直接材料价格差异一般应由采购部门负责，在分析差异时，还应进一步区分主观、客观因素进行具体分析，才能明确最终责任归属。

直接材料用量差异是在材料耗用过程中形成的，产生原因主要有以下几种：产品工艺发生变化，但用料标准未及时调整；材料质量不达标，生产过程中产生过多废料；生产工人操作失误，出现不应该的废品废料；机器设备效率发生变化，使材料耗用量发生变化等。材料用量差异主要为可控差异，一般应由生产部门负责。

 注意

> 如果是因材料质量低劣引起的直接材料用量差异，应由采购部门负责。因此，需要进行具体的调查分析才能明确责任归属。

想一想

从郭永怀身上，你发现了哪些优秀品质？
作为财务人员，我们工作中应该注意什么？

扫描二维码
观看视频：
郭永怀

2. 直接人工成本差异的计算分析

直接人工成本差异，是指在实际产量下，直接人工实际总成本与直接人工标准总成本之间的差额。

（1）直接人工成本差异的计算

直接人工成本差异可以进一步分解为以下两种差异：一是实际人工工时用量脱离标准工时用量而形成的直接人工用量差异，即效率差异，类似于直接材料用量差异；二是人工实际价格脱离标准价格而形成的直接人工价格差异，类似于材料价格差异。所以，直接人工成本差异的计算分析方法类似于直接材料成本差异的计算分析方法。有关计算公式如下：

① 直接人工成本差异的计算。

直接人工成本差异=直接人工实际成本－直接人工标准成本
　　　　　　　　=直接人工用量差异+直接人工价格差异

② 直接人工用量差异的计算。

直接人工用量差异=（实际工时×标准人工价格）－
　　　　　　　　（标准工时×标准人工价格）
　　　　　　　=（实际工时－标准工时）×标准人工价格

③ 直接人工价格差异的计算。

直接人工价格差异=（实际工时×实际人工价格）－
　　　　　　　　（实际工时×标准人工价格）
　　　　　　　=（实际人工价格－标准人工价格）×实际工时

做一做

威盛公司本期生产乙产品 200 件，实际耗用工时 8 800 小时，实际人工总额为 88 000 元，实际平均每工时为 10 元。企业标准人工率为 9 元，单位产品的工时耗用标准为 40 小时。

试计算直接人工成本差异（含成本差异、用量差异、价格差异）。

_____
_____
_____
_____

（2）直接人工成本差异的分析

直接人工价格差异形成的原因主要包括以下几种：

工资标准发生变动，但未及时对原标准进行调整；工资的计算方法发生改变。在实际工作中，由于紧急订单、临时性任务等特殊情况也会引发人工价格出现差异。直接人工价格差异一般应由人事部门或生产部门承担。由于人工价格差异产生的原因比较复杂，在分析人工价格差异时，应结合各部门的工作和责任范围，进行具体分析评价。

直接人工用量差异的形成原因主要包括以下几种：

工人技术不熟练、工作经验不足、机器或工具选用不当，造成未能在标准工时内完成任务；工人积极性不高、消极怠工，工作效率下降；材料供应滞后，造成停工待料，浪费工时；设备故障过多，造成停工待修，浪费工时；产品生产工艺发生变化，相关部门未能及时修订标准；材料质量不达标，导致产品加工时间延长。直接人工用量差异基本上都是可控差异，主要应由生产部门负责，但是如果是因为材料供应不及时，或是材料质量不合格造成的差异，应由采购部门或是相应责任部门来负责。

如果是因为材料质量不合格或是供应不及时造成的差异，应由采购部门或是相应责任部门来负责。

3. 变动制造费用成本差异的计算分析

变动制造费用成本差异，是指在实际产量下，变动制造费用实际总成本与其标准总成本之间的差额。

（1）变动制造费用成本差异的计算

变动制造费用成本差异可以进一步分解为两种差异：一是实际工时用量脱离标准工时用量而形成的变动制造费用用量差异，也叫变动制造费用效率差异；二是实际变动制造费用分配率脱离标准变动制造费用分配率而形成的变动制造费用价格差异，又称变动制造费用耗费差异或变动制造费用开支差异。有关计算公式如下：

① 变动制造费用成本差异的计算。

变动制造费用成本差异=实际变动制造费用－标准变动制造费用
　　　　　　　　　　＝变动制造费用用量差异+变动制造费用价格差异

② 变动制造费用用量差异的计算。

变动制造费用用量差异=（实际工时×标准分配率）－
　　　　　　　　　　（标准工时×标准分配率）
　　　　　　　　＝（实际工时－标准工时）×标准分配率

③ 变动制造费用价格差异的计算。

变动制造费用价格差异=（实际工时×实际分配率）－
　　　　　　　　　　（实际工时×标准分配率）
　　　　　　　　＝（实际分配率－标准分配率）×实际工时

教你一招

变动制造费用价格差异（开支差异）类似于直接材料价格差异和直接人工工资率差异，变动制造费用用量差异（效率差异）类似于直接材料用量差异和直接人工效率差异。所以，变动制造费用成本差异的计算分析方法类似于直接材料成本差异或直接人工成本差异。

 **做一做**

威盛公司本期生产乙产品 200 件，实际耗用人工 8 800 小时，实际发生变动制造费用 23 760 元，变动制造费用实际分配率为每直接人工工时 2.7 元。企业制定的变动制造费用标准分配率为 3 元，单位产品的工时耗用标准为 40 小时。

试计算变动制造费用成本差异（含成本差异、用量差异、价格差异）。

_____
_____
_____

（2）变动制造费用成本差异的分析

通常情况下，变动制造费用价格差异形成的原因主要有以下几种：

预算工作组织不科学，预计价格脱离实际情况；间接材料价格发生较大变化、间接材料质量不达标，或间接人工工资进行了调整；其他相关费用控制不当等。由于变动制造费用耗费差异原因各异，企业应根据变动制造费用的明细项目（如间接材料、间接人工、动力费用等）区分可控与不可控因素进行具体分析，并视情况确定其责任的归属。

变动制造费用用量差异形成的原因与直接人工用量差异产生的原因基本相同，其责任归属也与直接人工用量差异相同。成本差异分析如图 5-4 所示。

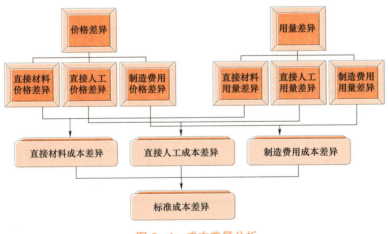

图 5-4　成本差异分析

4. 固定制造费用成本差异的计算分析

固定制造费用成本差异，是指固定制造费用实际发生总额与其在实际产量下的标准发生总额之间的差额。虽然固定制造费用具有在其相关范围内总额不变的特性，但是在实际工作中，由于生产能力的利用程度、实际执行与预算的不同等多方面原因，仍会出现固定制造费用成本差异。对固定制造费用进行成本控制是通过编制固定预算来实现的。

(1) 固定制造费用成本差异的计算

固定制造费用成本差异，更具体来讲，是指一定期间的实际固定制造费用与实际产量下的标准固定制造费用之间的差额，计算公式为：

固定制造费用成本差异=实际产量下实际固定制造费用－实际产量下标准固定制造费用

固定制造费用属于固定成本，在一定的业务量范围内，它不随业务量的变动而变动。因此，固定制造费用成本差异不能简单地分为价格差异和用量差异两种类型。根据固定制造费用不随业务量的变动而变动的特性，为了计算固定制造费用标准分配率，应根据固定制造费用预算，设定一个预算工时，实际工时与预算工时的差异所导致的固定制造费用成本差异是其生产能力利用程度差异。因此，固定制造费用成本差异除了像变动制造费用那样包括价格差异和用量差异外，还包括生产能力利用差异。

固定制造费用成本差异的计算分析有其特殊性，有两种方法，分别是两差异法和三差异法。

① 两差异法。

两差异法，是将固定制造费用成本差异分为固定制造费用耗费差异和固定制造费用能量差异两种差异，其中，固定制造费用耗费差异是实际固定制造费用脱离预算标准而形成的差异；固定制造费用能量差异是指固定制造费用预算金额脱离标准成本而形成的差异。其计算公式分别如下：

固定制造费用耗费差异的计算如下：

固定制造费用耗费差异=固定制造费用实际数－固定制造费用预算数
=实际产量下实际固定制造费用－预算产量下标准固定制造费用

固定制造费用能量差异的计算如下：

固定制造费用能量差异=预算产量下标准固定制造费用－实际产量下标准固定制造费用
=（预算产量标准工时－实际产量标准工时）×固定制造费用标准分配率

 做一做

威盛公司本月生产乙产品实际产量为 200 件，发生固定制造费用 14 000 元，实际工时为 8 800 小时；企业生产能力为 300 件（10 000 小时）；每件产品固定制造费用标准成本为 60 元/件，即每件产品标准工时为 40 小时，标准分配率为 1.50 元/小时。

试采用两差异法计算固定制造费用成本差异（含成本差异、耗费差异、能量差异）。

② 三差异法。

三差异法，是将固定制造费用成本差异分为以下三种差异：一是实际固定制造费用脱离预算而形成的固定制造费用耗费差异，也称固定制造费用开支差异；二是由于实际工时未能达到生产能力而形成的生产能力利用差异（也叫能力差异、产量差异）；三是实际工时脱离标准工时而形成的固定制造费用效率差异。其计算公式如下：

固定制造费用耗费差异＝实际产量下实际固定制造费用－预算产量下标准固定制造费用

固定制造费用能力差异＝（预算产量标准工时－实际产量实际工时）×固定制造费用标准分配率

固定制造费用效率差异＝（实际产量实际工时－实际产量标准工时）×固定制造费用标准分配率

教你一招

三差异法与两差异法的联系如图 5－5 所示。

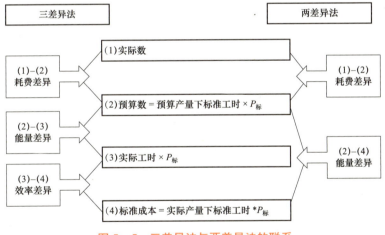

图 5－5　三差异法与两差异法的联系

做一做

威盛公司本月生产乙产品实际产量为 200 件，发生固定制造费用 14 000 元，实际工时为 8 800 小时；企业生产能力为 300 件，即 10 000 小时；每件产品固定制造费用标准成本为 60 元/件，即每件产品标准工时为 40 小时，标准分配率为 1.50 元/小时。

📝 笔记

试采用三差异法计算固定制造费用成本差异（含成本差异、耗费差异、能量差异、效率差异）。

_____

_____

_____

（2）固定制造费用成本差异的分析

固定制造费用成本差异分析，通常是通过对比实际发生数与预算数来进行的。由于固定制造费用是由各个部门的许多明细项目构成的，固定制造费用预算是按每个部门及明细项目分别编制的，实际发生的固定制造费用也是按每个部门及明细项目进行分别记录，因此，固定制造费用成本差异的分析也应该就每个部门及明细项目分别进行。

造成固定制造费用耗费差异的原因主要有以下几种：

企业折旧方法发生了改变；管理人员的薪酬发生了变化；租赁费、保险费、办公费用等发生了变动等。这些因素变化多是由客观因素变动引起的，不是控制的重点。

造成固定制造费用能量差异的原因主要有以下几种：

产品供过于求，需求量下降，订货量减少；原材料供应不及时、供应量不足，或是机械故障造成停工待料、停工待修；能源提供量不足，导致产品开工不足；工人技术水平不达标，未能有效发挥设备效能等。固定制造费用能量差异主要是由于现有生产能力没有发挥出来造成的，其责任主要应由企业管理层负责，采购部门、生产部门、销售部门等都可能负有一定的责任，应视企业的具体情况确定。

步骤三　成本差异的账务处理

为了能详细地提供标准成本、成本差异和实际成本三项成本资料，标准成本系统的账务处理按以下要求实施：

1. 通过"原材料""生产成本"和"库存商品"账户登记标准成本

企业"原材料""生产成本"和"库存商品"这些账户无论是借方还是贷方，均登记实际数量存货对应的标准成本，其余额也反映这些资产结余量对应的标准成本。

2. 设置成本差异账户分别记录各种类型的成本差异

在标准成本系统中，需要按照成本差异的类别分别设置一系列成本差异账户，像"直接材料用量差异""直接材料价格差异""直接人工用量差异""直接人工价格差异""变动制造费用用量差异""变动制造费用价格差异""固定制造费用耗费差异""固定制造费用能量差异"等。注意成本差异账户的设置要与企业采用的成本差异分析方法相适应，需要为每一种成本差异设置一个对应账户。

扫描二维码

观看视频：
劳模精神

企业应将实际成本分离为标准成本和有关的成本差异，**标准成本**数据记入"原材料""生产成本"和"库存商品"账户，而有关的成本差异则应记入**各成本差异账户**。成本差异账户，**借方**登记**不利差异**，**贷方**登记**有利差异**。为便于考核分析，各成本差异账户可以按照责任部门设置明细账，分别记录各部门的各项成本差异。

做一做

威盛公司生产乙产品耗用 F 材料。本期生产乙产品 200 件，耗用 F 材料 1 000 千克，F 材料的实际价格为每千克 100 元。假设 F 材料的标准价格为每千克 110 元，乙产品的单位标准用量为 4.8 千克 F 材料。

威盛公司本期生产乙产品 200 件，实际耗用工时 88 000 小时，实际人工总额为 88 000 元，实际平均每小时工资为 10 元。企业标准人工率为 9 元，单位产品的工时耗用标准为 40 小时。

威盛公司本期生产乙产品 200 件，实际耗用人工 8 800 小时，实际发生变动制造费用 23 760 元，变动制造费用实际分配率为每直接人工工时 2.7 元。企业制定的变动制造费用标准分配率为 3 元，单位产品的工时耗用标准为 40 小时。

威盛公司本月生产乙产品实际产量为 200 件，发生固定制造费用 14 000 元，实际工时为 8 800 小时；企业生产能力为 300 件，即 10 000 小时；每件产品固定制造费用标准成本为 60 元/件，即每件产品标准工时为 40 小时，标准分配率为 1.50 元/小时。

根据前述威盛公司直接材料、直接人工、变动制造费用、固定制造费用的成本差异分析，完成成本差异确认的账务处理。

_____
_____
_____

3. 会计期末对成本差异进行处理

各成本差异账户的**累计发生额**，反映了本期相应**成本控制**取得的**业绩**。会计期末根据各成本差异账户的借贷方余额，编制**成本差异汇总表**，将成本差异采用**直接结转本期损益**（直接处理法），或者在**销货成本和存货成本之间分配**（递延法），或者两者兼而有之的方法进行处理。

 注意

企业应根据日常计算出来的成本差异分别归集、登记有关成本差异明细账和登记表，使成本差异能在账户中系统地得以记录。以便期末汇总成

笔记

> 本差异的合计数并统一进行处理。对超支成本差异应借记有关差异账户，节约成本差异贷记有关账户，相应的生产成本账户按照标准成本登记。记录成本差异的账务处理通常在实际成本发生并且计算成本差异的同时予以登记。

做一做

威盛公司生产乙产品耗用 F 材料。本期生产乙产品 200 件，耗用 F 材料 1 000 千克，F 材料的实际价格为每千克 100 元。假设 F 材料的标准价格为每千克 110 元，甲产品的单位标准用量为 4.8 千克 F 材料。

威盛公司本期生产乙产品 200 件，实际耗用工时 8 800 小时，实际人工总额为 88 000 元，平均每工时为 10 元。企业标准人工率为 9 元，单位产品的工时耗用标准为 40 小时。

威盛公司本期生产乙产品 200 件，实际耗用人工 8 800 小时，实际发生变动制造费用 23 760 元，变动制造费用实际分配率为每直接人工工时 2.7 元。企业制定的变动制造费用标准分配率为 3 元，单位产品的工时耗用标准为 40 小时。

威盛公司本月生产乙产品实际产量为 200 件，发生固定制造费用 14 000 元，实际工时为 8 800 小时；企业生产能力为 300 件，即 10 000 小时；每件产品固定制造费用标准成本为 60 元/件，即每件产品标准工时为 40 小时，标准分配率为 1.50 元/小时。

威盛公司已经发生了前述直接材料、直接人工、变动制造费用、固定制造费用的成本差异，并已经进行成本差异的日常账务处理，请为威盛公司完成会计期末对成本差异的会计处理。

_____
_____
_____
_____
_____

任务 2　组织绩效考核

 任务描述

威盛公司为加强对企业的管理，决定开展绩效考核工作，考核工作主要采用平衡计分卡和关键绩效指标法进行。

绩效管理

  绩效管理，是指企业与所属单位（部门）员工之间就绩效目标及如何实现绩效目标达成共识，并帮助和激励员工取得优异绩效，从而实现企业目标的管理过程。绩效管理的核心是绩效评价和激励管理。绩效评价是指企业运用系统的工具方法，对一定时期内企业营运效率与效果进行综合评判的管理活动。激励管理是指企业运用系统的工具方法，调动企业员工的积极性、主动性和创造性，激发企业员工工作动力的管理活动。

  绩效管理领域应用的管理会计方法工具，一般包括关键绩效指标法、经济增加值法、平衡计分卡、股权激励等。

  企业应用绩效管理工具方法的一般程序包括制定绩效计划与激励计划、执行绩效计划与激励计划、实施绩效评价与激励、编制绩效评价报告与激励管理报告等。

  （1）制定绩效计划与激励计划

  企业根据战略目标，综合考虑绩效评价期间国家经济政策、企业外部市场环境和内部管理等因素，结合企业发展计划及预算，按照上下结合、分级编制、逐级分解的程序，编制各层级的绩效计划与激励计划。

  （2）执行绩效计划和激励计划

  绩效计划与激励计划经审核批准后，应以正式文件的形式下达执行。绩效计划与激励计划下达后，各执行单位应认真组织实施计划，将计划落实到所属各部门、各岗位员工，形成全方位的绩效计划与激励计划执行责任体系。企业应建立配套的监督控制机制，及时记录执行情况，进行差异分析，优化业务流程，提高效率效果。

  （3）实施绩效评价与激励

  绩效管理工作机构应根据绩效计划的执行情况定期实施绩效评价，按照绩效计划与激励计划的约定，对被评价对象的绩效表现进行系统、全面、公正、客观的评价，并根据评价结果实施相应的激励。

  （4）编制绩效评价报告与激励管理报告

  绩效管理工作机构应定期或根据需要编制绩效评价报告与激励管理报告，反映绩效评价和激励管理的结果。

扫描二维码

了解华润集团绩效体系的构建

步骤一 应用平衡计分卡

 知识准备

平衡计分卡

平衡计分卡是指基于企业战略，从财务、客户、内部业务流程、学习与成长四个维度，将战略目标分解为具体的、相互平衡的绩效指标体系，并据此进行绩效管理的方法。

平衡计分卡打破了传统的只注重财务指标的业绩评价模式，追求财务指标与非财务指标、企业长期目标与短期目标、结果性指标与动因性指标、企业组织内部群体与外部群体的平衡，它将企业的业绩评价同企业战略发展联系起来，把任务和决策转化成目标和指标，设计出一套能够表达企业进行战略性发展所必须达到的目标，是使企业高管能快速、全面地了解企业经营状况的指标体系。

（1）财务维度

财务维度可以显示企业的战略及其实施和执行是否对企业盈利作出贡献。反映财务维度的指标通常包括投资报酬率、净资产收益率、经济增加值、息税前利润、自由现金流量、资产负债率、总资产周转率等。

（2）客户维度

客户维度可以显示顾客如何看待企业产品、服务，即顾客的感受，可以从时间、质量、服务效率以及成本等方面提供相关信息，帮助企业了解市场份额、顾客需求和顾客满意度。反映顾客维度的指标通常包括市场份额、客户满意度、客户获得率、客户保持率、客户获利率、战略客户数量等。

（3）内部业务流程维度

内部业务流程维度以对客户满意度和实现财务目标影响最大的业务流程为核心。反映内部业务流程维度的指标通常包括交货及时率、生产负荷率、产品合格率、存货周转率等。通常是在制定财务和客户方面的目标与指标后，才制定企业内部业务流程维度的目标与指标。

（4）学习与成长维度

学习与成长维度决定了企业是否能继续提高并创造价值，只有持续不断地开发新产品（新服务），提高经营效率，为客户创造更多的价值，企业才能打入新市场，才能赢得顾客的满意，从而增加股东价值。反映学习与成长维度的指标通常包括员工流失率、员工保持率、员工生产率、培训计划完成率、员工满意度等。

1. 制定战略地图

企业首先应制定战略地图，即基于企业愿景与战略，将战略目标及其因果关系、价值创造路径以图示的形式直观、明确、清晰地呈现。战略地图基于战略主题构建，战略主题反映企业价值创造的关键业务流程，每个战略主题包括相互关联的1~2个战略规划目标。

战略地图，简单讲就是一个工具，是一个描述企业战略的工具。它是以平衡计分卡的财务、客户、内部业务流程、学习与成长四个维度为主要内容，通过分析各维度的相互关系而绘制的企业战略因果关系图。企业可以根据自身实际情况对各维度的名称和内容等进行适当的修改和调整。

（1）财务维度

在财务维度上，首先要达成的目标是长短期矛盾的战略平衡。战略主题一般可划分为两个方面：一是生产率提升；二是营业收入增长。要提高生产率，一是要改善资本成本；二是要提高资产利用率。要实现营业收入的增长，则需要开发新产品、新用户、新市场，增加收入机会，或者是提升客户的价值，即改善现有客户的盈利性。

（2）客户维度

平衡计分卡强调，要想使股东满意，必须使客户满意，要使客户满意，必须了解客户的需求。企业满足了客户的需求，就意味着为客户创造了价值。在客户维度，企业对现有客户进行分析，从产品（服务）质量、技术领先、售后服务和稳定标准等方面确定、调整客户价值定位。客户价值主张可以分解为三个方面：一是企业提供的产品、服务的特征；二是企业和客户的关系；三是企业以怎样的品牌、形象出现在客户的面前。

（3）内部业务流程维度

在内部业务流程维度上，企业应根据业务提升路径和服务定位，梳理业务流程及其关键增值活动，分析行业关键成功要素和内部营运矩阵，从内部业务流程的运营管理流程、创新流程、客户管理流程、遵循法规流程等角度确定战略主题，并将业务战略主题进行分类归纳，制定战略方案。内部业务流程是为客户和股东创造价值的层面，不同企业有不同的流程，但战略地图强调，在选择这些流程的时候，一定要考虑哪些流程是短期内能为股东和客户创造价值的，哪些流程是能长期为股东和客户创造价值的。

（4）学习与成长维度

要实现以上三个维度的目标，关键还是人力资本的问题，如何使人力资源的数量和素质达到支撑前面目标的要求，是战略地图能否有效发挥其作用的关键所在。在学习与成长维度上，企业应根据业务提升路径和服务定位，分析创新、人力资本、信息资本和组织资本等无形资源在价值创造中的作用，识别学习与成长维度的关键要素，并相应确立激励制度创新、信息系统创新和智力资本利用创新等战略主题，为财务、客户、内部业务流程维度的战略主题和关键业绩指标提供有力支撑。

2. 编制以平衡计分卡为核心的绩效计划

战略地图制定后，应以平衡计分卡为核心编制绩效计划。绩效计划是企业开展绩效评价工作的行动方案，包括构建平衡计分卡指标体系、分配平衡计分卡指标权重、确定平衡计分卡绩效目标值、选择平衡计分卡计分方法和评价周期、签定平衡计分卡绩效责任书等一系列管理活动。（本书只详讲前三个）制定绩效计划通常从企业级开始，层层分解到所属单位（部门），最终落实到具体岗位和员工。

（1）构建平衡计分卡指标体系

1）构建平衡计分卡指标体系的一般程序。

平衡计分卡指标体系的构建应围绕战略地图，针对财务、客户、内部业务流程、学习与成长四个维度的战略目标，确定相应的评价指标。

① 制定企业级指标体系。根据企业层面的战略地图，为每个战略主题的目标设定指标，每个目标至少应有 1 个指标。

② 制定所属单位（部门）级指标体系。依据企业级战略地图和指标体系，制定所属单位（部门）的战略地图，确定相应的指标体系，协同各所属单位（部门）的行动与企业战略目标保持一致。

③ 制定岗位（员工）级指标体系。根据企业、所属单位（部门）级指标体系，按照岗位职责逐级形成岗位（员工）级指标体系。

平衡计分卡每个维度的指标通常为 4~7 个，总数量一般不超过 25 个。

2）平衡计分卡指标体系的构建。

① 财务维度指标体系的构建。财务维度以财务术语描述了战略目标的有形成果。财务目标通常与获利能力有关，企业常用的反映财务维度的指标有投资报酬率、净资产收益率、经济增加值、息税前利润、自由现金流量、资产负债率、总资产周转率等。

投资报酬率是指企业一定会计期间取得的息前税后利润占其所使用的全部投资资本的比例，反映企业在会计期间有效利用投资创造回报的能力。其计算公式为：

$$投资报酬率 = \frac{税前利润 \times (1 - 所得税税率) + 利息支出}{投资资本平均余额} \times 100\%$$

$$投资资本平均余额 = \frac{期初投资资本 + 期末投资资本}{2}$$

$$投资资本 = 有息债务 + 所有者（股东）权益$$

净资产收益率是指企业一定会计期间取得的净利润占其所使用的净资产平均数的比例，反映企业全部资产的获利能力。其计算公式为：

$$净资产收益率=\frac{净利润}{平均净资产}\times100\%$$

经济增加值是指企业税后净营业利润扣除全部投入资本的成本后的剩余收益。其计算公式为：

经济增加值=税后净营业利润－平均资本占用额×加权平均资本成本

息税前利润是指企业当年实现税前利润与利息支出的合计数。其计算公式为：

息税前利润=税前利润+利息支出

自由现金流量是指企业一定会计期间经营活动产生的现金净流量超过付现资本性支出的金额，反映企业可动用的现金。其计算公式为：

自由现金流量=经营活动现金净流量－付现资本性支出

资产负债率是指企业某一会计期末负债总额与资产总额的比例，反映企业总体的财务风险程度。其计算公式为：

$$资产负债率=\frac{负债总额}{资产总额}\times100\%$$

总资产周转率是指企业营业收入与总资产平均余额的比值，反映总资产在一定会计期间内周转的次数。其计算公式为：

$$总资产周转率=\frac{营业收入}{总资产平均余额}\times100\%$$

② 客户维度指标体系的构建。客户维度界定了目标客户的价值主张，确立了企业将竞争的客户和市场。企业应以目标客户和目标市场为导向，专注于满足核心客户，而不是企图满足所有客户的偏好。在此基础上，树立清晰的战略目标，将这些战略目标细化为具体的指标。企业常用的反映客户维度的指标有市场份额、客户满意度、客户获得率、客户保持率、客户获利率、战略客户数量等。

市场份额是指一个企业的销售量（或销售额）在市场同类产品中所占的比重。

客户满意度是客户期望值与客户体验的匹配度，即客户通过对某项产品或服务的实际感知与其期望值比较后得出的指数。

客户获得率是指企业在争取新客户时获得成功部分的比例。该指标可用客户数量增长率或客户交易额增长率来描述。其计算公式为：

$$客户数量增长率=\frac{本期客户数量－上期客户数量}{上期客户数量}\times100\%$$

$$客户交易额增长率=\frac{本期客户交易额－上期客户交易额}{上期客户交易额}\times100\%$$

客户保持率是指企业继续保持与老客户交易关系的比例。该指标可用老客户交易额增长率来描述。其计算公式为：

$$老客户交易额增长率 = \frac{老客户本期交易额 - 老客户上期交易额}{老客户上期交易额} \times 100\%$$

客户获利率是指企业从**单一客户**得到的**净利润**与付出的**总成本**的比率。其计算公式为：

$$客户获利率 = \frac{单一客户净利润}{单一客户总成本} \times 100\%$$

战略客户数量是指对企业战略规划实现有重要作用的客户的数量。

③ 内部业务流程维度指标体系的构建。内部业务流程维度确定了对战略目标产生影响的关键流程，以帮助企业提供价值主张，以吸引和留住目标市场的客户，并满足股东对卓越财务回报的期望。内部业务流程绩效考核应以对实现财务目标和客户满意度影响最大的业务流程为核心。内部业务流程维度指标既涉及短期现有业务的改善，又涉及长远产品和服务的革新。反映内部业务流程维度的指标通常包括交货及时率、生产负荷率、产品合格率、存货周转率等。

交货及时率是指企业在一定会计期间**及时交货的订单数**占其**总交货订单数**的比例。其计算公式为：

$$交货及时率 = \frac{及时交货的订单数}{总订单数} \times 100\%$$

生产负荷率是指企业投产项目在一定会计期间的产品实际产量与设计生产能力的比例。其计算公式为：

$$生产负荷率 = \frac{实际产量}{设计生产能力} \times 100\%$$

产品合格率是指企业合格产品数量占总产品数量的比例。其计算公式为：

$$产品合格率 = \frac{合格产品数量}{总产品数量} \times 100\%$$

存货周转率是指企业**营业收入**与**存货平均余额**的比值，反映存货在一定会计期间周转的**次数**。其计算公式为：

$$存货周转率 = \frac{营业收入}{存货平均余额} \times 100\%$$

④ 学习与成长维度指标体系的构建。学习与成长维度是驱使前三个维度获得卓越成果的动力，其确立了企业要创造持续的成长和改善而必须建立的基础框架，确立了未来成功的关键因素。平衡计分卡的前三个层面一般会揭示企业的实际能力与实现突破性业绩所必需的能力之间的差距，为了弥补这个差距，企业必须投资于员工技术的再造、组织程序和日常工作的理顺，这些都是平衡计分卡学习与成长维度追求的目标。学习与成长维度指标涉及员工的能力、信息系统的能力与激励、授权与相互配合等。企业常用的反映学

习与成长维度的指标有员工流失率、员工保持率、员工生产率、培训计划完成率、员工满意度等。

员工流失率是指企业一定会计期间离职员工占员工平均人数的比例。其计算公式为：

$$员工流失率=\frac{本期离职员工人数}{员工平均人数}\times100\%$$

员工保持率＝1－员工流失率

员工生产率是指企业员工在一定会计期间创造的劳动成果与其相应员工数量的比值。该指标可用人均产品生产数量或人均营业收入进行衡量。其计算公式为：

$$人均产品生产数量=\frac{本期产品生产总量}{生产人数}\times100\%$$

$$人均营业收入=\frac{本期营业收入}{员工人数}\times100\%$$

培训计划完成率是指企业培训计划实际执行的总时数占培训计划总时数的比例。其计算公式为：

$$培训计划完成率=\frac{培训计划实际执行的总时数}{培训计划总时数}\times100\%$$

员工满意度是指员工对企业的实际感受与其期望值比较的程度，也是企业的幸福指数。

$$员工满意度=\frac{实际感受}{期望值}$$

（2）分配平衡计分卡指标权重

分配平衡计分卡指标权重应以战略目标为导向，反映评价对象对企业战略目标贡献或支持的程度，以及各指标之间的重要性水平。企业绩效指标权重一般设定在 5%～30%，对特别重要的指标可适当提高权重，对特别关键、影响企业整体价值的指标可设立一票否决制度。

（3）确定平衡计分绩效目标值

确定平衡计分卡绩效目标值应根据战略地图的因果关系分别设置。首先确定战略主题的目标值，其次确定主题内的目标值，然后基于平衡计分卡评价指标与战略目标的对应关系，为每个评价指标设定目标值，通常设计 3～5 年的目标值。目标值应具有挑战性和可实现性，可设定基本目标值、挑战目标值等类似目标层级，激发评价对象的潜能，并得到评价对象的普遍认同。确定平衡计分卡绩效目标值后，应规定在因内外部环境发生重大变化、自然灾害等不可抗力因素对绩效完成结果产生重大影响时，对目标值进行调整的办法和程序。一般情况下，应由评价对象或评价主体测算确定影响的程度，报薪酬与考核委员会或类似机构审批。

📖 笔记

3. 制定战略性行动方案

绩效计划与激励计划制定后，企业应在战略主题的基础上，制定战略性行动方案，实现短期行动计划与长期战略目标的协同。制定战略性行动方案主要包括以下内容：

（1）选择战略性行动方案

制定每个战略主题的多个行动方案，并从中区分、排序和选择最优的战略性行动方案。

（2）建立战略性支出的预算

建立战略性支出的预算，为战略性行动方案提供资金支持。

（3）建立责任制

明确战略性行动方案的执行责任方，定期回顾战略性行动方案的执行进程和效果。

4. 执行绩效计划与激励计划

在执行绩效计划与激励计划的过程中，企业应按照纵向一致、横向协调的原则，持续地推进组织协同，将协同作为一个重要的流程进行管理，使企业和员工的目标、职责与行动保持一致，创造协同效应。

在执行绩效计划与激励计划的过程中，企业应持续深入地开展流程管理，及时识别存在问题的关键流程，根据需要对流程进行优化完善，必要时进行流程再造，将流程改进计划与战略目标相协同。

 相关知识

平衡计分卡的应用评价

（1）优点

① 将战略目标逐层分解，并转化为评价对象的绩效指标和行动方案，使整个组织行动协调一致。

② 从财务、客户、内部业务流程、学习与成长四个维度确定绩效指标，使业绩评价更加完整。

③ 将学习与成长作为一个维度，注重员工发展要求和组织资本、信息资本等无形资产的开发利用，有利于增强企业可持续发展的动力。

（2）缺点

① 专业技术要求高，工作量比较大，操作难度也较大，需要持续地沟通和反馈，实施复杂，实施成本高。

② 各指标权重在不同层级及各层级不同指标之间的分配比较困难，且部分非财务指标的量化工作难以落实。

③ 系统性强、涉及面广，需要专业人员的指导、企业全员的参与和长期持续地修正与完善，对信息系统、管理能力有较高的要求。

步骤二　计算关键绩效指标

知识准备

> **关键绩效指标法**
>
> 　　关键绩效指标法是指基于企业战略目标，通过建立关键绩效指标体系，将价值创造活动与战略规划目标有效联系，并据此进行绩效管理的方法。
> 　　关键绩效指标是对企业绩效产生关键影响力的指标，是通过对企业战略目标、关键成果领域的绩效特征进行分析，识别和提炼出的最能有效驱动企业价值创造的指标。关键绩效指标法可以单独使用，也可以与经济增加值法、平衡计分卡等其他方法结合使用。其应用对象可以是企业，也可以是企业所属的部门和员工。
> 　　企业应用关键绩效指标法，应遵循绩效管理对应用环境的一般要求。此外，还应考虑下列因素：
> 　　（1）企业应综合考虑多种因素
> 　　企业应综合考虑绩效评价期间宏观经济政策、外部市场环境、内部管理需要等多种因素，构建指标体系。
> 　　（2）企业应有明确的战略目标。战略目标是确定关键绩效指标体系的基础，关键绩效指标反映战略目标，对战略目标实施效果进行衡量和监控。
> 　　（3）企业应清晰识别价值创造模式
> 　　企业应清晰识别价值创造模式，按照价值创造路径识别出关键驱动因素，科学地选择和设置关键绩效指标。

　　企业应用关键绩效指标法，一般包括如下程序：制定以关键绩效指标为核心的绩效计划与激励计划、执行绩效计划与激励计划、实施绩效评价与激励、编制绩效评价报告与激励管理报告等。其中，与其他业绩评价方法的关键不同点是制定和实施以关键绩效指标为核心的绩效计划。制定绩效计划包括构建关键绩效指标体系、分配关键绩效指标权重、确定关键绩效指标目标值、选择关键绩效指标计分方法和评价周期、拟定关键绩效指标责任书等。（本书只详述前三个）

　　1. **构建关键绩效指标体系**
　　一般而言，企业可以分三个层次来制定关键绩效指标体系。
　　（1）确定企业级关键绩效指标
　　企业应根据战略目标，结合价值创造模式，综合考虑企业内外部经营环

境等因素，确定企业级关键绩效指标。

（2）确定所属部门级关键绩效指标

企业应根据企业级关键绩效指标，结合所属部门关键业务流程，按照上下结合、分级编制、逐级分解的程序，在沟通反馈的基础上，确定所属部门级关键绩效指标。

（3）确定岗位（员工）级关键绩效指标

企业应根据所属部门级关键绩效指标，结合员工岗位职责和关键工作价值贡献，确定岗位（员工）级关键绩效指标。

企业的关键绩效指标一般可分为结果类和动因类两类指标。其中，结果类指标是反映企业绩效的价值指标，主要包括投资回报率、净资产收益率、经济增加值、息税前利润、自由现金流量等综合指标；动因类指标是反映企业价值关键驱动因素的指标，主要包括资本性支出、单位生产成本、产量、销量、客户满意度、员工满意度等。

关键绩效指标应含义明确、可度量、与战略目标高度相关。关键绩效指标的数量不宜过多，每一层级关键绩效指标一般不超过 10 个。

关键绩效指标选取的方法主要有关键成果领域分析法、组织功能分解法和工作流程分解法。

2. 分配关键绩效指标权重

分配关键绩效指标权重应以企业战略目标为导向，反映评价对象对企业价值贡献或支持的程度，以及各指标之间的重要性水平。单项关键绩效指标权重一般设定在 5%~30%，对特别重要的指标，可适当提高权重。对特别关键、影响企业整体价值的指标可设立一票否决制度。

3. 确定关键绩效指标目标值

企业确定关键绩效指标目标值，一般参考如下标准：

① 参考国家有关部门或权威机构发布的行业标准或竞争对手标准，比如国务院国资委考核分配局编制并每年更新出版的《企业绩效评价标准值》；② 参照企业内部标准，包括企业战略目标、年度生产经营计划目标、年度预算目标、历年指标水平等；③ 如果不能按照前面两种方法确定，可以根据企业历史经验值确定。

自我测试

1. 在成本管理中，有积极控制作用的成本是（　　）。
   A. 历史成本　　　　　　　　B. 标准成本
   C. 重置成本　　　　　　　　D. 变动成本

2. 根据企业正常的生产能力，以有效经营条件为基础而制定的标准成本，是指（　　）。
   A. 正常的标准成本　　　　　B. 理想的标准成本
   C. 基本的标准成本　　　　　D. 以上均错

扫描二维码

了解对关键指标法的评价

3. 在实际工作中得到广泛应用的标准成本是（　　）。
   A. 基本标准成本　　　　　　B. 理想标准成本
   C. 正常标准成本　　　　　　D. 实际成本
4. 用量标准主要由（　　）制定。
   A. 销售部门　　　　　　　　B. 采购部门
   C. 劳动部门　　　　　　　　D. 生产技术部门
5. 价格标准由（　　）会同有关责任部门制定。
   A. 生产部门　　　　　　　　B. 采购部门
   C. 会计部门　　　　　　　　D. 工程技术部门
6. 采用变动成本计算法时，不包括在单位产品标准成本中的是（　　）。
   A. 制造费用　　　　　　　　B. 直接材料
   C. 直接人工　　　　　　　　D. 固定制造费用
7. 某公司生产单位产品直接人工工时的小时工资率为 5 元，单位产品标准工时为 12 小时。本月实际生产产品 100 件，实际使用工时 1 000 小时，支付工资 10 000 元，则直接人工成本差异为（　　）元。
   A. 3 000　　　B. 4 000　　　C. 5 000　　　D. 6 000
8. 由于实耗工时脱离标准工时而引起的工资成本差异，叫做（　　）。
   A. 人工效率差异　　　　　　B. 工资率差异
   C. 生产成本差异　　　　　　D. 生产能力差异
9. 下列属于用量标准的有（　　）。
   A. 原材料单价　　　　　　　B. 材料消耗量
   C. 小时工资率　　　　　　　D. 小时制造费用分配率
10. 固定制造费用的能量差异是（　　）。
    A. 实际产量实际费用－预算产量标准费用
    B. 标准分配率×（预算产量标准工时－实际产量实际工时）
    C. 标准分配率×（实际产量实际工时－实际产量标准工时）
    D. 标准分配率×（预算产量标准工时－实际产量标准工时）

学习成果测评

威盛公司本月生产乙产品实际产量为 200 件，发生固定制造费用 14 000 元，实际工时为 8 800 小时；企业生产能力为 300 件，即 10 000 小时；每件产品固定制造费用标准成本为 60 元/件，即每件产品标准工时为 40 小时，标准分配率为 1.50 元/小时。

试采用三差异法计算固定制造费用成本差异（含成本差异、耗费差异、能量差异、效率差异）。

附：学习成果测评标准（表 5-6）

表 5-6 学习成果测评标准　　　　　　　　　　　　　　%

评价方式	准确性	规范性	参与度	合计
学生自评		10		10
小组互评		10		10
组内评价			10	10
教师评价	60	10		70
合计	60	30	10	100

附录一 复利终值系数表

1%	2%	3%	4%	5%	6%	7%	8%	9%	10%	11%	12%	13%	14%	15%
1.01	1.02	1.03	1.04	1.05	1.06	1.07	1.08	1.09	1.1	1.11	1.12	1.13	1.14	1.15
1.020 1	1.040 4	1.060 9	1.081 6	1.102 5	1.123 6	1.144 9	1.166 4	1.188 1	1.21	1.232 1	1.254 4	1.276 9	1.299 6	1.322 5
1.030 3	1.061 2	1.092 7	1.124 9	1.157 6	1.191	1.225	1.259 7	1.295	1.331	1.367 6	1.404 9	1.442 9	1.481 5	1.520 9
1.040 6	1.082 4	1.125 5	1.169 9	1.215 5	1.262 5	1.310 8	1.360 5	1.411 6	1.464 1	1.518 1	1.573 5	1.630 5	1.689	1.749
1.051	1.104 1	1.159 3	1.216 7	1.276 3	1.338 2	1.402 6	1.469 3	1.538 6	1.610 5	1.685 1	1.762 3	1.842 4	1.925 4	2.011 4
1.061 5	1.126 2	1.194 1	1.265 3	1.340 1	1.418 5	1.500 7	1.586 9	1.677 1	1.771 6	1.870 4	1.973 8	2.082	2.195	2.313 1
1.072 1	1.148 7	1.229 9	1.315 9	1.407 1	1.503 6	1.605 8	1.713 8	1.828	1.948 7	2.076 2	2.210 7	2.352 6	2.502 3	2.66
1.082 9	1.171 7	1.266 8	1.368 6	1.477 5	1.593 8	1.718 2	1.850 9	1.992 6	2.143 6	2.304 5	2.476	2.658 4	2.852 6	3.059
1.093 7	1.195 1	1.304 8	1.423 3	1.551 3	1.689 5	1.838 5	1.999	2.171 9	2.357 9	2.558	2.773 1	3.004	3.251 9	3.517 9
1.104 6	1.219	1.343 9	1.480 2	1.628 9	1.790 8	1.967 2	2.158 9	2.367 4	2.593 7	2.839 4	3.105 8	3.394 6	3.707 2	4.045 6
1.115 7	1.243 4	1.384 2	1.539 5	1.710 3	1.898 3	2.104 9	2.331 6	2.580 4	2.853 1	3.151 8	3.478 6	3.835 9	4.226 2	4.652 4
1.126 8	1.268 2	1.425 8	1.601	1.795 9	2.012 2	2.252 2	2.518 2	2.812 7	3.138 4	3.498 5	3.896	4.334 5	4.817 9	5.350 3
1.138 1	1.293 6	1.468 5	1.665 1	1.885 6	2.132 9	2.409 8	2.719 6	3.065 8	3.452 3	3.883 3	4.363 5	4.898	5.492 4	6.152 8
1.149 5	1.319 5	1.512 6	1.731 7	1.979 9	2.260 9	2.578 5	2.937 2	3.341 7	3.797 5	4.310 4	4.887 1	5.534 8	6.261 3	7.075 7
1.161	1.345 9	1.558	1.800 9	2.078 9	2.396 6	2.759	3.172 2	3.642 5	4.177 2	4.784 6	5.473 6	6.254 3	7.137 9	8.137 1
1.172 6	1.372 8	1.604 7	1.873	2.182 9	2.540 4	2.952 2	3.425 9	3.970 3	4.595	5.310 9	6.130 4	7.067 3	8.137 2	9.357 6
1.184 3	1.400 2	1.652 8	1.947 9	2.292	2.692 8	3.158 8	3.7	4.327 6	5.054 5	5.895 1	6.866	7.986 1	9.276 5	10.761 3
1.196 1	1.428 2	1.702 4	2.025 8	2.406 6	2.854 3	3.379 9	3.996	4.717 1	5.559 9	6.543 6	7.69	9.024 3	10.575 2	12.375 5
1.208 1	1.456 8	1.753 5	2.106 8	2.527	3.025 6	3.616 5	4.315 7	5.141 7	6.115 9	7.263 3	8.612 8	10.197 4	12.055 7	14.231 8
1.220 2	1.485 9	1.806 1	2.191 1	2.653 3	3.207 1	3.869 7	4.661	5.604 4	6.727 5	8.062 3	9.646 3	11.523 1	13.743 5	16.366 5
1.232 4	1.515 7	1.860 3	2.278 8	2.786	3.399 6	4.140 6	5.033 8	6.108 8	7.400 2	8.949 2	10.803 8	13.021 1	15.667 6	18.821 5
1.244 7	1.546	1.916 1	2.369 9	2.925 3	3.603 5	4.430 4	5.436 5	6.658 6	8.140 3	9.933 6	12.100 3	14.713 8	17.861	21.644 7
1.257 2	1.576 9	1.973 6	2.464 7	3.071 5	3.819 7	4.740 5	5.871 5	7.257 9	8.954 3	11.026 3	13.552 3	16.626 6	20.361 6	24.891 5
1.269 7	1.608 4	2.032 8	2.563 3	3.225 1	4.048 9	5.072 4	6.341 2	7.911 1	9.849 7	12.239 2	15.178 6	18.788 1	23.212 2	28.625 2
1.282 4	1.640 6	2.093 8	2.665 8	3.386 4	4.291 9	5.427 4	6.848 5	8.623 1	10.834 7	13.585 5	17.000 1	21.230 5	26.461 9	32.919
1.295 3	1.673 4	2.156 6	2.772 5	3.555 7	4.549 4	5.807 4	7.396 4	9.399 2	11.918 2	15.079 9	19.040 1	23.990 5	30.166 6	37.856 8
1.308 2	1.706 9	2.221 3	2.883 4	3.733 5	4.822 3	6.213 9	7.988 1	10.245 1	13.11	16.738 7	21.324 9	27.109 3	34.389 9	43.535 3
1.321 3	1.741	2.287 9	2.998 7	3.920 1	5.111 7	6.648 8	8.627 1	11.167 1	14.421	18.579 9	23.883 9	30.633 5	39.204 5	50.065 6
1.334 5	1.775 8	2.356 6	3.118 7	4.116 1	5.418 4	7.114 3	9.317 3	12.172 2	15.863 1	20.623 7	26.749 9	34.615 8	44.693 1	57.575 5
1.347 8	1.811 4	2.427 3	3.243 4	4.321 9	5.743 5	7.612 3	10.062 7	13.267 7	17.449 4	22.892 3	29.959 9	39.115 9	50.950 2	66.211 8

续表

期数	16%	17%	18%	19%	20%	21%	22%	23%	24%	25%	26%	27%	28%	29%	
1	1.16	1.17	1.18	1.19	1.2	1.21	1.22	1.23	1.24	1.25	1.26	1.27	1.28	1.29	
2	1.345 6	1.368 9	1.392 4	1.416 1	1.44	1.464 1	1.488 4	1.512 9	1.537 6	1.562 5	1.587 6	1.612 9	1.638 4	1.664 1	
3	1.560 9	1.601 6	1.643	1.685 2	1.728	1.771 6	1.815 8	1.860 9	1.906 6	1.953 1	2.000 4	2.048 4	2.097 2	2.146 7	
4	1.810 6	1.873 9	1.938 8	2.005 3	2.073 6	2.143 6	2.215 3	2.288 9	2.364 2	2.441 4	2.520 5	2.601 4	2.684 4	2.769 2	
5	2.100 3	2.192 4	2.287 8	2.386 4	2.488 3	2.593 7	2.702 7	2.815 3	2.931 6	3.051 8	3.175 8	3.303 8	3.436	3.572 3	
6	2.436 4	2.565 2	2.699 6	2.839 8	2.986	3.138 4	3.297 3	3.462 8	3.635 2	3.814 7	4.001 5	4.195 9	4.398	4.608 5	
7	2.826 2	3.001 2	3.185 5	3.379 3	3.583 2	3.797 5	4.022 7	4.259 3	4.507 7	4.768 4	5.041 9	5.328 8	5.629 5	5.944 7	
8	3.278 4	3.511 5	3.758 9	4.021 4	4.299 8	4.595	4.907 7	5.238 9	5.589 5	5.960 5	6.352 8	6.767 5	7.205 8	7.668 6	
9	3.803	4.108 4	4.435 5	4.785 4	5.159 8	5.559 9	5.987 4	6.443 9	6.931	7.450 6	8.004 5	8.594 8	9.223 4	9.892 5	
10	4.411 4	4.806 8	5.233 8	5.694 7	6.191 7	6.727 5	7.304 6	7.925 9	8.594 4	9.313 2	10.085 7	10.915 3	11.805 9	12.761 4	
11	5.117 3	5.624	6.175 9	6.776 7	7.430 1	8.140 3	8.911 7	9.748 9	10.657 1	11.641 5	12.708	13.862 5	15.111 6	16.462 2	
12	5.936	6.580 1	7.287 6	8.064 2	8.916 1	9.849 7	10.872 2	11.991 2	13.214 8	14.551 9	16.012	17.605 3	19.342 8	21.236 2	
13	6.885 8	7.698 7	8.599 4	9.596 4	10.699 3	11.918 2	13.264 1	14.749 1	16.386 3	18.189 9	20.175 2	22.358 8	24.758 8	27.394 7	
14	7.987 5	9.007 5	10.147 2	11.419 8	12.839 2	14.421	16.182 2	18.141 4	20.319 1	22.737 4	25.420 7	28.395 7	31.691 3	35.339 1	
15	9.265 5	10.538 7	11.973 7	13.589 5	15.407	17.449 4	19.742 3	22.314	25.195 6	28.421 7	32.030 1	36.062 5	40.564 8	45.587 5	
16	10.748	12.330 3	14.129	16.171 5	18.488 4	21.113 8	24.085 6	27.446 2	31.242 6	35.527 1	40.357 9	45.799 4	51.923	58.807 9	
17	12.467 7	14.426 5	16.672 2	19.244 1	22.186 1	25.547 7	29.384 4	33.758 8	38.740 8	44.408 9	50.851	58.165 2	66.461 4	75.862 1	
18	14.462 5	16.879	19.673 3	22.900 5	26.623 3	30.912 7	35.849	41.523 3	48.038 6	55.511 2	64.072 2	73.869 8	85.070 6	97.862 2	
19	16.776 5	19.748 4	23.214 4	27.251 6	31.948	37.404 3	43.735 8	51.073 7	59.567 9	69.388 9	80.731	93.814 7	108.890 4	126.242 2	
20	19.460 8	23.105 6	27.393	32.429 4	38.337 6	45.259 3	53.357 6	62.820 6	73.864 1	86.736 2	101.721 1	119.144 6	139.379 7	162.852 4	
21	22.574 5	27.033 6	32.323 8	38.591	46.005 1	54.763 7	65.096 3	77.269 4	91.591 5	108.420 2	128.168 5	151.313 7	178.406	210.079 6	
22	26.186 4	31.629 3	38.142 1	45.923 3	55.206 1	66.264 1	79.417 5	95.041 3	113.573 5	135.525 3	161.492 4	192.168 3	228.359 6	271.002 7	
23	30.376 2	37.006 2	45.007 6	54.648 7	66.247 4	80.179 5	96.889 4	116.900 8	140.831 2	169.406 6	203.480 4	244.053 8	292.300 3	349.593 5	
24	35.236 4	43.297 3	53.109	65.032	79.496 8	97.017 2	118.205	143.788	174.630 6	211.758 2	256.385 3	309.948 3	374.144 4	450.975 6	
25	40.874 2	50.657 8	62.668 6	77.388 1	95.396 2	117.390 9	144.210 1	176.859 3	216.542	264.697 8	323.045 4	393.634 4	478.904 9	581.758 5	
26	47.414 1	59.269 7	73.949	92.091 8	114.475 5	142.042 9	175.936 4	217.536 9	268.512 1	330.872 2	407.037 3	499.915 1	612.998 2	750.468 5	
27	55.000 4	69.345 5	87.259 8	109.589 3	137.370 6	171.871 9	214.642 4	267.570 4	332.955	413.590 3	512.867	634.892 9	784.637 7	968.104 4	
28	63.800 4	81.134 2	102.966 6	130.411 2	164.844 7	207.965 1	261.863 7	329.111 5	412.864 2	516.987 9	646.212 4	806.314	1 004.336 3	1 248.854 6	
29	74.008 5	94.927 1	121.500 5	155.189 3	197.813 6	251.637 7	319.473 7	404.807 2	511.951 6	646.234 9	814.227 6	1 024.018 7	1 285.550 4	1 611.022 5	
30	85.849 9	111.064 7	143.370 6	184.675 3	237.376 5	304.481 6	389.757 9	497.912 9	634.819 9	807.793 6	1 025.926 7	1 300.503 8	1 645.504 6	2 078.219 2	

附录二 复利现值系数表

期数	1%	2%	3%	4%	5%	6%	7%	8%	9%	10%	11%	12%	13%	14%	15%
1	0.990 1	0.980 4	0.970 9	0.961 5	0.952 4	0.943 4	0.934 6	0.925 9	0.917 4	0.909 1	0.900 9	0.892 9	0.885	0.877 2	0.869 6
2	0.980 3	0.961 2	0.942 6	0.924 6	0.907	0.89	0.873 4	0.857 3	0.841 7	0.826 4	0.811 6	0.797 2	0.783 1	0.769 5	0.756 1
3	0.970 6	0.942 3	0.915 1	0.889	0.863 8	0.839 6	0.816 3	0.793 8	0.772 2	0.751 3	0.731 2	0.711 8	0.693 1	0.675	0.657 5
4	0.961	0.923 8	0.888 5	0.854 8	0.822 7	0.792 1	0.762 9	0.735	0.708 4	0.683	0.658 7	0.635 5	0.613 3	0.592 1	0.571 8
5	0.951 5	0.905 7	0.862 6	0.821 9	0.783 5	0.747 3	0.713	0.680 6	0.649 9	0.620 9	0.593 5	0.567 4	0.542 8	0.519 4	0.497 2
6	0.942	0.888	0.837 5	0.790 3	0.746 2	0.705	0.666 3	0.630 2	0.596 3	0.564 5	0.534 6	0.506 6	0.480 3	0.455 6	0.432 3
7	0.932 7	0.870 6	0.813 1	0.759 9	0.710 7	0.665 1	0.622 7	0.583 5	0.547	0.513 2	0.481 7	0.452 3	0.425 1	0.399 6	0.375 9
8	0.923 5	0.853 5	0.789 4	0.730 7	0.676 8	0.627 4	0.582	0.540 3	0.501 9	0.466 5	0.433 9	0.403 9	0.376 2	0.350 6	0.326 9
9	0.914 3	0.836 8	0.766 4	0.702 6	0.644 6	0.591 9	0.543 9	0.500 2	0.460 4	0.424 1	0.390 9	0.360 6	0.332 9	0.307 5	0.284 3
10	0.905 3	0.820 3	0.744 1	0.675 6	0.613 9	0.558 4	0.508 3	0.463 2	0.422 4	0.385 5	0.352 2	0.322	0.294 6	0.269 7	0.247 2
11	0.896 3	0.804 3	0.722 4	0.649 6	0.584 7	0.526 8	0.475 1	0.428 9	0.387 5	0.350 5	0.317 3	0.287 5	0.260 7	0.236 6	0.214 9
12	0.887 4	0.788 5	0.701 4	0.624 6	0.556 8	0.497	0.444	0.397 1	0.355 5	0.318 6	0.285 8	0.256 7	0.230 7	0.207 6	0.186 9
13	0.878 7	0.773	0.681	0.600 6	0.530 3	0.468 8	0.415	0.367 7	0.326 2	0.289 7	0.257 5	0.229 2	0.204 2	0.182 1	0.162 5
14	0.87	0.757 9	0.661 1	0.577 5	0.505 1	0.442 3	0.387 8	0.340 5	0.299 2	0.263 3	0.232	0.204 6	0.180 7	0.159 7	0.141 3
15	0.861 3	0.743	0.641 9	0.555 3	0.481	0.417 3	0.362 4	0.315 2	0.274 5	0.239 4	0.209	0.182 7	0.159 9	0.140 1	0.122 9
16	0.852 8	0.728 4	0.623 2	0.533 9	0.458 1	0.393 6	0.338 7	0.291 9	0.251 9	0.217 6	0.188 3	0.163 1	0.141 5	0.122 9	0.106 9
17	0.844 4	0.714 2	0.605	0.513 4	0.436 3	0.371 4	0.316 6	0.270 3	0.231 1	0.197 8	0.169 6	0.145 6	0.125 2	0.107 8	0.092 9
18	0.836	0.700 2	0.587 4	0.493 6	0.415 5	0.350 3	0.295 9	0.250 2	0.212	0.179 9	0.152 8	0.13	0.110 8	0.094 6	0.080 8
19	0.827 7	0.686 4	0.570 3	0.474 6	0.395 7	0.330 5	0.276 5	0.231 7	0.194 5	0.163 5	0.137 7	0.116 1	0.098 1	0.082 9	0.070 3
20	0.819 5	0.673	0.553 7	0.456 4	0.376 9	0.311 8	0.258 4	0.214 5	0.178 4	0.148 6	0.124	0.103 7	0.086 8	0.072 8	0.061 1
21	0.811 4	0.659 8	0.537 5	0.438 8	0.358 9	0.294 2	0.241 5	0.198 7	0.163 7	0.135 1	0.111 7	0.092 6	0.076 8	0.063 8	0.053 1
22	0.803 4	0.646 8	0.521 9	0.422	0.341 8	0.277 5	0.225 7	0.183 9	0.150 2	0.122 8	0.100 7	0.082 6	0.068	0.056	0.046 2
23	0.795 4	0.634 2	0.506 7	0.405 7	0.325 6	0.261 8	0.210 9	0.170 3	0.137 8	0.111 7	0.090 7	0.073 8	0.060 1	0.049 1	0.040 2
24	0.787 6	0.621 7	0.491 9	0.390 1	0.310 1	0.247	0.197 1	0.157 7	0.126 4	0.101 5	0.081 7	0.065 9	0.053 2	0.043 1	0.034 9
25	0.779 8	0.609 5	0.477 6	0.375 1	0.295 3	0.233	0.184 2	0.146	0.116	0.092 3	0.073 6	0.058 8	0.047 1	0.037 8	0.030 4
26	0.772	0.597 6	0.463 7	0.360 7	0.281 2	0.219 8	0.172 2	0.135 2	0.106 4	0.083 9	0.066 3	0.052 5	0.041 7	0.033 1	0.026 4
27	0.764 4	0.585 9	0.450 2	0.346 8	0.267 8	0.207 4	0.160 9	0.125 2	0.097 6	0.076 3	0.059 7	0.046 9	0.036 9	0.029 1	0.023
28	0.756 8	0.574 4	0.437 1	0.333 5	0.255 1	0.195 6	0.150 4	0.115 9	0.089 5	0.069 3	0.053 8	0.041 9	0.032 6	0.025 5	0.02
29	0.749 3	0.563 1	0.424 3	0.320 7	0.242 9	0.184 6	0.140 6	0.107 3	0.082 2	0.063	0.048 5	0.037 4	0.028 9	0.022 4	0.017 4
30	0.741 9	0.552 1	0.412	0.308 3	0.231 4	0.174 1	0.131 4	0.099 4	0.075 4	0.057 3	0.043 7	0.033 4	0.025 6	0.019 6	0.015 1

续表

期数	16%	17%	18%	19%	20%	21%	22%	23%	24%	25%	26%	27%	28%	29%	30%
1	0.862 1	0.854 7	0.847 5	0.840 3	0.833 3	0.826 4	0.819 7	0.813	0.806 5	0.8	0.793 7	0.787 4	0.781 3	0.775 2	0.769
2	0.743 2	0.730 5	0.718 2	0.706 2	0.694 4	0.683	0.671 9	0.661	0.650 4	0.64	0.629 9	0.62	0.610 4	0.600 9	0.591
3	0.640 7	0.624 4	0.608 6	0.593 4	0.578 7	0.564 5	0.550 7	0.537 4	0.524 5	0.512	0.499 9	0.488 2	0.476 8	0.465 8	0.455
4	0.552 3	0.533 7	0.515 8	0.498 7	0.482 3	0.466 5	0.451 4	0.436 9	0.423	0.409 6	0.396 8	0.384 4	0.372 5	0.361 1	0.350
5	0.476 1	0.456 1	0.437 1	0.419	0.401 9	0.385 5	0.37	0.355 2	0.341 1	0.327 7	0.314 9	0.302 7	0.291	0.279 9	0.269
6	0.410 4	0.389 8	0.370 4	0.352 1	0.334 9	0.318 6	0.303 3	0.288 8	0.275 1	0.262 1	0.249 9	0.238 3	0.227 4	0.217	0.207
7	0.353 8	0.333 2	0.313 9	0.295 9	0.279 1	0.263 3	0.248 6	0.234 8	0.221 8	0.209 7	0.198 3	0.187 7	0.177 6	0.168 2	0.159
8	0.305	0.284 8	0.266	0.248 7	0.232 6	0.217 6	0.203 8	0.190 9	0.178 9	0.167 8	0.157 4	0.147 8	0.138 8	0.130 4	0.122
9	0.263	0.243 4	0.225 5	0.209	0.193 8	0.179 9	0.167	0.155 2	0.144 3	0.134 2	0.124 9	0.116 4	0.108 4	0.101 1	0.094
10	0.226 7	0.208	0.191 1	0.175 6	0.161 5	0.148 6	0.136 9	0.126 2	0.116 4	0.107 4	0.099 2	0.091 6	0.084 7	0.078 4	0.072
11	0.195 4	0.177 8	0.161 9	0.147 6	0.134 6	0.122 8	0.112 2	0.102 6	0.093 8	0.085 9	0.078 7	0.072 1	0.066 2	0.060 7	0.055
12	0.168 5	0.152	0.137 2	0.124	0.112 2	0.101 5	0.092	0.083 4	0.075 7	0.068 7	0.062 5	0.056 8	0.051 7	0.047 1	0.042
13	0.145 2	0.129 9	0.116 3	0.104 2	0.093 5	0.083 9	0.075 4	0.067 8	0.061	0.055	0.049 6	0.044 7	0.040 4	0.036 5	0.033
14	0.125 2	0.111	0.098 5	0.087 6	0.077 9	0.069 3	0.061 8	0.055 1	0.049 2	0.044	0.039 3	0.035 2	0.031 6	0.028 3	0.025
15	0.107 9	0.094 9	0.083 5	0.073 6	0.064 9	0.057 3	0.050 7	0.044 8	0.039 7	0.035 2	0.031 2	0.027 7	0.024 7	0.021 9	0.019
16	0.093	0.081 1	0.070 8	0.061 8	0.054 1	0.047 4	0.041 5	0.036 4	0.032	0.028 1	0.024 8	0.021 8	0.019 3	0.017	0.015
17	0.080 2	0.069 3	0.06	0.052	0.045 1	0.039 1	0.034	0.029 6	0.025 8	0.022 5	0.019 7	0.017 2	0.015	0.013 2	0.011
18	0.069 1	0.059 2	0.050 8	0.043 7	0.037 6	0.032 3	0.027 9	0.024 1	0.020 8	0.018	0.015 6	0.013 5	0.011 8	0.010 2	0.008
19	0.059 6	0.050 6	0.043 1	0.036 7	0.031 3	0.026 7	0.022 9	0.019 6	0.016 8	0.014 4	0.012 4	0.010 7	0.009 2	0.007 9	0.006
20	0.051 4	0.043 3	0.036 5	0.030 8	0.026 1	0.022 1	0.018 7	0.015 9	0.013 5	0.011 5	0.009 8	0.008 4	0.007 2	0.006 1	0.005
21	0.044 3	0.037	0.030 9	0.025 9	0.021 7	0.018 3	0.015 4	0.012 9	0.010 9	0.009 2	0.007 8	0.006 6	0.005 6	0.004 8	0.004
22	0.038 2	0.031 6	0.026 2	0.021 8	0.018 1	0.015 1	0.012 6	0.010 5	0.008 8	0.007 4	0.006 2	0.005 2	0.004 4	0.003 7	0.003
23	0.032 9	0.027	0.022 2	0.018 3	0.015 1	0.012 5	0.010 3	0.008 6	0.007 1	0.005 9	0.004 9	0.004 1	0.003 4	0.002 9	0.002
24	0.028 4	0.023 1	0.018 8	0.015 4	0.012 6	0.010 3	0.008 5	0.007	0.005 7	0.004 7	0.003 9	0.003 2	0.002 7	0.002 2	0.001 8
25	0.024 5	0.019 7	0.016	0.012 9	0.010 5	0.008 5	0.006 9	0.005 7	0.004 6	0.003 8	0.003 1	0.002 5	0.002 1	0.001 7	0.001 4
26	0.021 1	0.016 9	0.013 5	0.010 9	0.008 7	0.007	0.005 7	0.004 6	0.003 7	0.003	0.002 5	0.002	0.001 6	0.001 3	0.001 1
27	0.018 2	0.014 4	0.011 5	0.009 1	0.007 3	0.005 8	0.004 7	0.003 7	0.003	0.002 4	0.001 9	0.001 6	0.001 3	0.001	0.000 8
28	0.015 7	0.012 3	0.009 7	0.007 7	0.006 1	0.004 8	0.003 8	0.003	0.002 4	0.001 9	0.001 5	0.001 2	0.001	0.000 8	0.000 6
29	0.013 5	0.010 5	0.008 2	0.006 4	0.005 1	0.004	0.003 1	0.002 5	0.002	0.001 5	0.001 2	0.001	0.000 8	0.000 6	0.000 5
30	0.011 6	0.009	0.007	0.005 4	0.004 2	0.003 3	0.002 6	0.002	0.001 6	0.001 2	0.001	0.000 8	0.000 6	0.000 5	0.000 4

附录三　年金终值系数表

期数	1%	2%	3%	4%	5%	6%	7%	8%	9%	10%	11%	12%	13%	14%	15%
1	1	1	1	1	1	1	1	1	1	1	1	1	1	1	1
2	2.01	2.02	2.03	2.04	2.05	2.06	2.07	2.08	2.09	2.1	2.11	2.12	2.13	2.14	2.15
3	3.030 1	3.060 4	3.090 9	3.121 6	3.152 5	3.183 6	3.214 9	3.246 4	3.278 1	3.31	3.342 1	3.374 4	3.406 9	3.439 6	3.472 5
4	4.060 4	4.121 6	4.183 6	4.246 5	4.310 1	4.374 6	4.439 9	4.506 1	4.573 1	4.641	4.709 7	4.779 3	4.849 8	4.921 1	4.993 4
5	5.101	5.204	5.309 1	5.416 3	5.525 6	5.637 1	5.750 7	5.866 6	5.984 7	6.105 1	6.227 8	6.352 8	6.480 3	6.610 1	6.742 4
6	6.152	6.308 1	6.468 4	6.633	6.801 9	6.975 3	7.153 3	7.335 9	7.523 3	7.715 6	7.912 9	8.115 2	8.322 7	8.535 5	8.753 7
7	7.213 5	7.434 3	7.662 5	7.898 3	8.142	8.393 8	8.654	8.922 8	9.200 4	9.487 2	9.783 3	10.089	10.404 7	10.730 5	11.066 8
8	8.285 7	8.583	8.892 3	9.214 2	9.549 1	9.897 5	10.259 8	10.636 6	11.028 5	11.435 9	11.859 4	12.299 7	12.757 3	13.232 8	13.726 8
9	9.368 5	9.754 6	10.159 1	10.582 8	11.026 6	11.491 3	11.978	12.487 6	13.021	13.579 5	14.164	14.775 7	15.415 7	16.085 3	16.785 8
10	10.462 2	10.949 7	11.463 9	12.006 1	12.577 9	13.180 8	13.816 4	14.486 6	15.192 9	15.937 4	16.722	17.548 7	18.419 7	19.337 3	20.303 7
11	11.566 8	12.168 7	12.807 8	13.486 4	14.206 8	14.971 6	15.783 6	16.645 5	17.560 3	18.531 2	19.561 4	20.654 6	21.814 3	23.044 5	24.349 3
12	12.682 5	13.412 1	14.192	15.025 8	15.917 1	16.869 9	17.888 5	18.977 1	20.140 7	21.384 3	22.713 2	24.133 1	25.650 2	27.270 7	29.001 7
13	13.809 3	14.680 3	15.617 8	16.626 8	17.713	18.882 1	20.140 6	21.495 3	22.953 4	24.522 7	26.211 6	28.029 1	29.984 7	32.088 7	34.351 9
14	14.947 4	15.973 9	17.086 3	18.291 9	19.598 6	21.015 1	22.550 5	24.214 9	26.019 2	27.975	30.094 9	32.392 6	34.882 7	37.581 1	40.504 7
15	16.096 9	17.293 4	18.598 9	20.023 6	21.578 6	23.276	25.129	27.152 1	29.360 9	31.772 5	34.405 4	37.279 7	40.417 5	43.842 4	47.580 4
16	17.257 9	18.639 3	20.156 9	21.824 5	23.657 5	25.672 5	27.888 1	30.324 3	33.003 4	35.949 7	39.189 9	42.753 3	46.671 7	50.980 4	55.717 5
17	18.430 4	20.012 1	21.761 6	23.697 5	25.840 4	28.212 9	30.840 2	33.750 2	36.973 7	40.544 7	44.500 8	48.883 7	53.739 1	59.117 6	65.075 1
18	19.614 7	21.412 3	23.414 4	25.645 4	28.132 4	30.905 7	33.999	37.450 2	41.301 3	45.599 2	50.395 9	55.749 7	61.725 1	68.394 1	75.836 4
19	20.810 9	22.840 6	25.116 9	27.671 2	30.539	33.76	37.379	41.446 3	46.018 5	51.159 1	56.939 5	63.439 7	70.749 4	78.969 2	88.211 8
20	22.019	24.297 4	26.870 4	29.778 1	33.066	36.785 6	40.995 5	45.762	51.160 1	57.275	64.202 8	72.052 4	80.946 8	91.024 9	102.443 6
21	23.239 2	25.783 3	28.676 5	31.969 2	35.719 3	39.992 7	44.865 2	50.422 9	56.764 5	64.002 5	72.265 1	81.698 7	92.469 9	104.768 4	118.810 1
22	24.471 6	27.299	30.536 8	34.248	38.505 2	43.392 3	49.005 7	55.456 8	62.873 3	71.402 7	81.214 3	92.502 6	105.491	120.436	137.631 6
23	25.716 3	28.845	32.452 9	36.617 9	41.430 5	46.995 8	53.436 1	60.893 3	69.531 9	79.543	91.147 9	104.602 9	120.204 8	138.297	159.276 4
24	26.973 5	30.421 9	34.426 5	39.082 6	44.502	50.815 6	58.176 7	66.764 8	76.789 8	88.497 3	102.174 2	118.155 2	136.831 5	158.658 6	184.167 8
25	28.243 2	32.030 3	36.459 3	41.645 9	47.727 1	54.864 5	63.249	73.105 9	84.700 9	98.347 1	114.413 3	133.333 9	155.619 6	181.870 8	212.793
26	29.525 6	33.670 9	38.553	44.311 7	51.113 5	59.156 4	68.676 5	79.954 4	93.324	109.181 8	127.998 8	150.333 9	176.850 1	208.332 7	245.712
27	30.820 9	35.344 3	40.709 6	47.084 2	54.669 1	63.705 8	74.483 8	87.350 8	102.723 1	121.099 9	143.078 6	169.374	200.840 6	238.499 3	283.568 8
28	32.129 1	37.051 2	42.930 9	49.967 6	58.402 6	68.528 1	80.697 7	95.338 8	112.968 2	134.209 9	159.817 3	190.698 9	227.949 9	272.889 2	327.104 1
29	33.450 4	38.792 2	45.218 9	52.966 3	62.322 7	73.639 8	87.346 5	103.965 9	124.135 4	148.630 9	178.397 2	214.582 8	258.583 4	312.093 7	377.169 7
30	34.784 9	40.568 1	47.575 4	56.084 9	66.438 8	79.058 2	94.460 8	113.283 2	136.307 5	164.494	199.020 9	241.332 7	293.199 2	356.786 8	434.745 1

续表

期数	16%	17%	18%	19%	20%	21%	22%	23%	24%	25%	26%	27%	28%	29%	30%
1	1	1	1	1	1	1	1	1	1	1	1	1	1	1	1
2	2.16	2.17	2.18	2.19	2.2	2.21	2.22	2.23	2.24	2.25	2.26	2.27	2.28	2.29	2.3
3	3.505 6	3.538 9	3.572 4	3.606 1	3.64	3.674 1	3.708 4	3.742 9	3.777 6	3.812 5	3.847 6	3.882 9	3.918 4	3.954 1	3.99
4	5.066 5	5.140 5	5.215 4	5.291 3	5.368	5.445 7	5.524 2	5.603 8	5.684 2	5.765 6	5.848	5.931 3	6.015 6	6.100 8	6.187
5	6.877 1	7.014 4	7.154 2	7.296 6	7.441 6	7.589 2	7.739 6	7.892 6	8.048 4	8.207	8.368 4	8.532 7	8.699 9	8.87	9.043
6	8.977 5	9.206 8	9.442	9.683	9.929 9	10.183	10.442 3	10.707 9	10.980 1	11.258 8	11.544 2	11.836 6	12.135 9	12.442 3	12.756
7	11.413 9	11.772	12.141 5	12.522 7	12.915 9	13.321 4	13.739 6	14.170 8	14.615 3	15.073 5	15.545 8	16.032 4	16.533 9	17.050 6	17.582
8	14.240 1	14.773 3	15.327	15.902	16.499 1	17.118 9	17.762 3	18.43	19.122 9	19.841 9	20.587 6	21.361 2	22.163 4	22.995 3	23.857
9	17.518 5	18.284 7	19.085 9	19.923 4	20.798 9	21.713 9	22.67	23.669	24.712 5	25.802 3	26.940 4	28.128 7	29.369 2	30.663 9	32.015
10	21.321 5	22.393 1	23.521 3	24.708 9	25.958 7	27.273 8	28.657 4	30.112 8	31.643 4	33.252 9	34.944 9	36.723 5	38.592 6	40.556 4	42.619 5
11	25.732 9	27.199 9	28.755 1	30.403 5	32.150 4	34.001 3	35.962	38.038 8	40.237 9	42.566 1	45.030 6	47.638 8	50.398 5	53.317 8	56.405 3
12	30.850 2	32.823 9	34.931 1	37.180 2	39.580 5	42.141 6	44.873 7	47.787 7	50.895	54.207 7	57.738 6	61.501 3	65.51	69.78	74.327
13	36.786 2	39.404	42.218 7	45.244 5	48.496 6	51.991 3	55.745 9	59.778 5	64.109 7	68.759 6	73.750 6	79.106 6	84.852 9	91.016 1	97.625
14	43.672	47.102 7	50.818	54.840 9	59.195 9	63.909 5	69.01	74.528	80.496 1	86.949 5	93.925 8	101.465 4	109.611 7	118.410 8	127.912 5
15	51.659 5	56.110 1	60.965 3	66.260 7	72.035 1	78.330 5	85.192 2	92.669 4	100.815 1	109.686 8	119.346 5	129.861 1	141.302 9	153.75	167.286 3
16	60.925	66.648 8	72.939	79.850 2	87.442 1	95.779 9	104.934 5	114.983 4	126.010 8	138.108 5	151.376 6	165.923 6	181.867 7	199.337 4	218.472 2
17	71.673	78.979 2	87.068	96.021 8	105.930 6	116.893 7	129.020 1	142.429 5	157.253 4	173.635 7	191.734 5	211.723	233.790 7	258.145 3	285.013 9
18	84.140 7	93.405 6	103.740 3	115.265 9	128.116 7	142.441 3	158.404 5	176.188 3	195.994 2	218.044 6	242.585 5	269.888 2	300.252 1	334.007 4	371.518
19	98.603 2	110.284 6	123.413 5	138.166 4	154.74	173.354	194.253 5	217.711 6	244.032 8	273.555 8	306.657 7	343.758	385.322 7	431.869 6	483.973 4
20	115.379 7	130.032 9	146.628	165.418	186.688	210.758 4	237.989 3	268.785 3	303.600 6	342.944 7	387.388 7	437.572 6	494.213 1	558.111 8	630.165 5
21	134.840 5	153.138 5	174.021	197.847 4	225.025 6	256.017 6	291.346 9	331.605 9	377.464 8	429.680 9	489.109 8	556.717 3	633.592 7	720.964 2	820.215 1
22	157.415	180.172 1	206.344 8	236.438 5	271.030 7	310.781 3	356.443 2	408.875 3	469.056 3	538.101 1	617.278 3	708.030 9	811.998 7	931.043 8	1 067.279
23	183.601 4	211.801 3	244.486 8	282.361 8	326.236 9	377.045 4	435.860 7	503.916 6	582.629 8	673.626 4	778.770 7	900.199 3	1 040.358 3	1 202.046 5	1 388.463
24	213.977 6	248.807 6	289.494 5	337.010 5	392.484 2	457.224 9	532.750 1	620.817 4	723.461	843.032 9	982.251 1	1 144.253 1	1 332.658 6	1 551.64	1 806.002
25	249.214	292.104 9	342.603 5	402.042 5	471.981	554.242 2	650.955 1	764.605 4	898.091 6	1 054.791 2	1 238.636 3	1 454.201 4	1 706.803 1	2 002.615 6	2 348.803
26	290.088 3	342.762 7	405.272 1	479.430 6	567.377 3	671.633	795.165 5	941.464 7	1 114.633 6	1 319.489	1 561.681 8	1 847.835 8	2 185.707 9	2 584.374 1	3 054.444
27	337.502 4	402.032 3	479.221 1	571.522 4	681.852 8	813.675 9	971.101 6	1 159.001 6	1 383.145 7	1 650.361 2	1 968.719 1	2 347.751 5	2 798.706 1	3 334.842 6	3 971.777
28	392.502 8	471.377 8	566.480 9	681.111 6	819.223 3	985.547 9	1 185.744	1 426.571 9	1 716.100 7	2 063.951 5	2 481.586	2 982.644 4	3 583.343 8	4 302.947	5 164.310 9
29	456.303 2	552.512 1	669.447 5	811.522 8	984.068	1 193.512 9	1 447.607 7	1 755.683 5	2 128.964 8	2 580.939 4	3 127.798 4	3 788.958 3	4 587.680 1	5 551.801 6	6 714.604 2
30	530.311 7	647.439 1	790.948	966.712 2	1 181.881 6	1 445.150 7	1 767.081 3	2 160.490 7	2 640.916 4	3 227.174 3	3 942.026	4 812.977 1	5 873.230 6	7 162.824 1	8 729.985 5

附录四　年金现值系数表

期数	1%	2%	3%	4%	5%	6%	7%	8%	9%	10%	11%	12%	13%	14%	15%
1	0.990 1	0.980 4	0.970 9	0.961 5	0.952 4	0.943 4	0.934 6	0.925 9	0.917 4	0.909 1	0.900 9	0.892 9	0.885	0.877 2	0.869 6
2	1.970 4	1.941 6	1.913 5	1.886 1	1.859 4	1.833 4	1.808	1.783 3	1.759 1	1.735 5	1.712 5	1.690 1	1.668 1	1.646 7	1.625 7
3	2.941	2.883 9	2.828 6	2.775 1	2.723 2	2.673	2.624 3	2.577 1	2.531 3	2.486 9	2.443 7	2.401 8	2.361 2	2.321 6	2.283 2
4	3.902	3.807 7	3.717 1	3.629 9	3.546	3.465 1	3.387 2	3.312 1	3.239 7	3.169 9	3.102 4	3.037 3	2.974 5	2.913 7	2.855
5	4.853 4	4.713 5	4.579 7	4.451 8	4.329 5	4.212 4	4.100 2	3.992 7	3.889 7	3.790 8	3.695 9	3.604 8	3.517 2	3.433 1	3.352 2
6	5.795 5	5.601 4	5.417 2	5.242 1	5.075 7	4.917 3	4.766 5	4.622 9	4.485 9	4.355 3	4.230 5	4.111 4	3.997 5	3.888 7	3.784 5
7	6.728 2	6.472	6.230 3	6.002 1	5.786 4	5.582 4	5.389 3	5.206 4	5.033	4.868 4	4.712 2	4.563 8	4.422 6	4.288 3	4.160 4
8	7.651 7	7.325 5	7.019 7	6.732 7	6.463 2	6.209 8	5.971 3	5.746 6	5.534 8	5.334 9	5.146 1	4.967 6	4.798 8	4.638 9	4.487 3
9	8.566	8.162 2	7.786 1	7.435 3	7.107 8	6.801 7	6.515 2	6.246 9	5.995 2	5.759	5.537	5.328 2	5.131 7	4.946 4	4.771 6
10	9.471 3	8.982 6	8.530 2	8.110 9	7.721 7	7.360 1	7.023 6	6.710 1	6.417 7	6.144 6	5.889 2	5.650 2	5.426 2	5.216 1	5.018 8
11	10.367 6	9.786 8	9.252 6	8.760 5	8.306 4	7.886 9	7.498 7	7.139	6.805 2	6.495 1	6.206 5	5.937 7	5.686 9	5.452 7	5.233 7
12	11.255 1	10.575 3	9.954	9.385 1	8.863 3	8.383 8	7.942 7	7.536 1	7.160 7	6.813 7	6.492 4	6.194 4	5.917 6	5.660 3	5.420 6
13	12.133 7	11.348 4	10.635	9.985 6	9.393 6	8.852 7	8.357 7	7.903 8	7.486 9	7.103 4	6.749 9	6.423 5	6.121 8	5.842 4	5.583 1
14	13.003 7	12.106 2	11.296 1	10.563 1	9.898 6	9.295	8.745 5	8.244 2	7.786 2	7.366 7	6.981 9	6.628 2	6.302 5	6.002 1	5.724 5
15	13.865 1	12.849 3	11.937 9	11.118 4	10.379 7	9.712 2	9.107 9	8.559 5	8.060 7	7.606 1	7.190 9	6.810 9	6.462 4	6.142 2	5.847 4
16	14.717 9	13.577 7	12.561 1	11.652 3	10.837 8	10.105 9	9.446 6	8.851 4	8.312 6	7.823 7	7.379 2	6.974	6.603 9	6.265 1	5.954 2
17	15.562 3	14.291 9	13.166 1	12.165 7	11.274 1	10.477 3	9.763 2	9.121 6	8.543 6	8.021 6	7.548 8	7.119 6	6.729 1	6.372 9	6.047 2
18	16.398 3	14.992	13.753 5	12.659 3	11.689 6	10.827 6	10.059 1	9.371 9	8.755 6	8.201 4	7.701 6	7.249 7	6.839 9	6.467 4	6.128
19	17.226	15.678 5	14.323 8	13.133 9	12.085 3	11.158 1	10.335 6	9.603 6	8.950 1	8.364 9	7.839 3	7.365 8	6.938	6.550 4	6.198 2
20	18.045 6	16.351 4	14.877 5	13.590 3	12.462 2	11.469 9	10.594	9.818 1	9.128 5	8.513 6	7.963 3	7.469 4	7.024 8	6.623 1	6.259 3
21	18.857	17.011 2	15.415	14.029 2	12.821 2	11.764 1	10.835 5	10.016 8	9.292 2	8.648 7	8.075 1	7.562	7.101 6	6.687	6.312 5
22	19.660 4	17.658	15.936 9	14.451 1	13.163	12.041 6	11.061 2	10.200 7	9.442 4	8.771 5	8.175 7	7.644 6	7.169 5	6.742 9	6.358 7
23	20.455 8	18.292 2	16.443 6	14.856 8	13.488 6	12.303 4	11.272 0	10.371 1	9.580 2	8.883 2	8.266 4	7.718 4	7.229 7	6.792 1	6.398 8
24	21.243 4	18.913 9	16.935 5	15.247	13.798 6	12.550 4	11.469 3	10.528 8	9.706 6	8.984 7	8.348 1	7.784 3	7.282 9	6.835 1	6.433 8
25	22.023 2	19.523 5	17.413 1	15.622 1	14.093 9	12.783 4	11.653 6	10.674 8	9.822 6	9.077	8.421 7	7.843 1	7.33	6.872 9	6.464 1
26	22.795 2	20.121	17.876 8	15.982 8	14.375 2	13.003 2	11.825 8	10.81	9.929	9.160 9	8.488 1	7.895 7	7.371 7	6.906 1	6.490 6
27	23.559 6	20.706 9	18.327	16.329 6	14.643	13.210 5	11.986 7	10.935 2	10.026 6	9.237 2	8.547 8	7.942 9	7.408 6	6.935 2	6.513 5
28	24.316 4	21.281 3	18.764 1	16.663 1	14.898 1	13.406 2	12.137 1	11.051 0	10.116	9.306 6	8.601 6	7.984 4	7.441 2	6.960 7	6.533 5
29	25.065 8	21.844 4	19.188 5	16.983 7	15.141 1	13.590 7	12.277 7	11.158 4	10.198 3	9.369 6	8.650 1	8.021 8	7.470 1	6.983	6.550 9
30	25.807 7	22.396 5	19.600 4	17.292	15.372 5	13.764 8	12.409	11.257 8	10.273 7	9.426 9	8.693 8	8.055 2	7.495 7	7.002 7	6.566

续表

期数	16%	17%	18%	19%	20%	21%	22%	23%	24%	25%	26%	27%	28%	29%	30%
1	0.862 1	0.854 7	0.847 5	0.840 3	0.833 3	0.826 4	0.819 7	0.813	0.806 5	0.8	0.793 7	0.787 4	0.781 3	0.775 2	0.769 2
2	1.605 2	1.585 2	1.565 6	1.546 5	1.527 8	1.509 5	1.491 5	1.474	1.456 8	1.44	1.423 5	1.407 4	1.391 6	1.376 1	1.360 9
3	2.245 9	2.209 6	2.174 3	2.139 9	2.106 5	2.073 9	2.042 2	2.011 4	1.981 3	1.952	1.923 4	1.895 6	1.868 4	1.842	1.816 1
4	2.798 2	2.743 2	2.690 1	2.638 6	2.588 7	2.540 4	2.493 6	2.448 3	2.404 3	2.361 6	2.320 2	2.28	2.241	2.203 1	2.166 2
5	3.274 3	3.199 3	3.127 2	3.057 6	2.990 6	2.926	2.863 6	2.803 5	2.745 4	2.689 3	2.635 1	2.582 7	2.532	2.483	2.435 6
6	3.684 7	3.589 2	3.497 6	3.409 8	3.325 5	3.244 6	3.166 9	3.092 3	3.020 5	2.951 4	2.885	2.821	2.759 4	2.7	2.642 7
7	4.038 6	3.922 4	3.811 5	3.705 7	3.604 6	3.507 9	3.415 5	3.327	3.242 3	3.161 1	3.083 3	3.008 7	2.937	2.868 2	2.802 1
8	4.343 6	4.207 2	4.077 6	3.954 4	3.837 2	3.725 6	3.619 3	3.517 9	3.421 2	3.328 9	3.240 7	3.156 4	3.075 8	2.998 6	2.924 7
9	4.606 5	4.450 6	4.303	4.163 3	4.031	3.905 4	3.786 3	3.673 1	3.565 5	3.463 1	3.365 7	3.272 8	3.184 2	3.099 7	3.019
10	4.833 2	4.658 6	4.494 1	4.338 9	4.192 5	4.054 1	3.923 2	3.799 3	3.681 9	3.570 5	3.464 8	3.364 4	3.268 9	3.178 1	3.091 5
11	5.028 6	4.836 4	4.656	4.486 5	4.327 1	4.176 9	4.035 4	3.901 8	3.775 7	3.656 4	3.543 5	3.436 5	3.335 1	3.238 8	3.147 3
12	5.197 1	4.988 4	4.793 2	4.610 5	4.439 2	4.278 4	4.127 4	3.985 2	3.851 4	3.725 1	3.605 9	3.493 3	3.386 8	3.285 9	3.190 3
13	5.342 3	5.118 3	4.909 5	4.714 7	4.532 7	4.362 4	4.202 8	4.053	3.912 4	3.780 1	3.655 5	3.538 1	3.427 2	3.322 4	3.223 3
14	5.467 5	5.229 3	5.008 1	4.802 3	4.610 6	4.431 7	4.264 6	4.108 2	3.961 6	3.824 1	3.694 9	3.573 3	3.458 7	3.350 7	3.248 7
15	5.575 5	5.324 2	5.091 6	4.875 9	4.675 5	4.489	4.315 2	4.153	4.001 3	3.859 3	3.726 1	3.601	3.483 4	3.372 6	3.268 2
16	5.668 5	5.405 3	5.162 4	4.937 7	4.729 6	4.536 4	4.356 7	4.189 4	4.033 3	3.887 4	3.750 9	3.622 8	3.502 6	3.389 6	3.283 2
17	5.748 7	5.474 6	5.222 3	4.989 7	4.774 6	4.575 5	4.390 8	4.219	4.059 1	3.909 9	3.770 5	3.64	3.517 7	3.402 8	3.294 8
18	5.817 8	5.533 9	5.273 2	5.033 3	4.812 2	4.607 9	4.418 7	4.243 1	4.079 9	3.927 9	3.786 1	3.653 6	3.529 4	3.413	3.303 7
19	5.877 5	5.584 5	5.316 2	5.07	4.843 5	4.634 6	4.441 5	4.262 7	4.096 7	3.942 4	3.798 5	3.664 2	3.538 6	3.421	3.310 5
20	5.928 8	5.627 8	5.352 7	5.100 9	4.869 6	4.656 7	4.460 3	4.278 6	4.110 3	3.953 9	3.808 3	3.672 6	3.545 8	3.427 1	3.315 8
21	5.973 1	5.664 8	5.383 7	5.126 8	4.891 3	4.675	4.475 6	4.291 6	4.121 2	3.963 1	3.816 1	3.679 2	3.551 4	3.431 9	3.319 8
22	6.011 3	5.696 4	5.409 9	5.148 6	4.909 4	4.69	4.488 2	4.302 1	4.13	3.970 5	3.822 3	3.684 4	3.555 8	3.435 6	3.323
23	6.044 2	5.723 4	5.432 1	5.166 8	4.924 5	4.702 5	4.498 5	4.310 6	4.137 1	3.976 4	3.827 3	3.688 5	3.559 2	3.438 4	3.325 4
24	6.072 6	5.746 5	5.450 9	5.182 2	4.937 1	4.712 8	4.507	4.317 6	4.142 8	3.981 1	3.831 2	3.691 8	3.561 9	3.440 6	3.327 2
25	6.097 1	5.766 2	5.466 9	5.195 1	4.947 6	4.721 3	4.513 9	4.323 2	4.147 4	3.984 9	3.834 2	3.694 3	3.564	3.442 3	3.328 6
26	6.118 2	5.783 1	5.480 4	5.206	4.956 3	4.728 4	4.519 6	4.327 8	4.151 1	3.987 9	3.836 7	3.696 3	3.565 6	3.443 7	3.329 7
27	6.136 4	5.797 5	5.491 9	5.215 1	4.963 6	4.734 2	4.524 3	4.331 6	4.154 2	3.990 3	3.838 7	3.697 9	3.566 9	3.444 7	3.330 5
28	6.152	5.809 9	5.501 6	5.222 8	4.969 7	4.739	4.528 1	4.334 6	4.156 6	3.992 3	3.840 2	3.699 1	3.567 9	3.445 5	3.331 2
29	6.165 6	5.820 4	5.509 8	5.229 2	4.974 7	4.743	4.531 2	4.337 1	4.158 5	3.993 8	3.841 4	3.700 1	3.568 7	3.446 1	3.331 7
30	6.177 2	5.829 4	5.516 8	5.234 7	4.978 9	4.746 3	4.533 8	4.339 1	4.160 1	3.995	3.842 4	3.700 9	3.569 3	3.446 6	3.332 1

参考文献

[1] 陈兴述,李勇,陈祥碧. 管理会计[M]. 北京:高等教育出版社,2019.
[2] 高翠莲. 管理会计基础[M]. 北京:高等教育出版社,2018.
[3] 章雨晨,刘宇会,陈海艳. 管理会计[M]. 成都:四川大学出版社,2017.
[4] 丁增稳. 管理会计实务[M]. 北京:高等教育出版社,2018.
[5] 蔡维灿. 管理会计[M]. 北京:北京理工大学出版社,2014.
[6] 王振海,于蕾. 管理会计[M]. 北京:北京理工大学出版社,2018.
[7] 杜学森,王娜. 管理会计实务[M]. 北京:高等教育出版社,2013.